A. Abdó, B. Balestra, E. Cárdenas, A. Díaz Sesma,
S. Frid, M.T. Gérard, R. Orozco, B. Rivas, J. Sunderland Guerrero

Las
revoltosas

SELECTOR®
actualidad editorial

SELECTOR®
actualidad editorial
Doctor Erazo 120 Colonia Doctores México 06720, D.F.
Tel. (52 55) 51 34 05 70 Fax. (52 55) 57 61 57 16
LADA SIN COSTO: 01 800 821 72 80

Título: LAS REVOLTOSAS

Autores: Abdó, Adriana; B. Balestra, E. Cárdenas, A. Díaz, S. Frid, M. T. Gérard, R. Orozco, B. Rivas, J. Sunderland Guerrero

Colección: Novela histórica

Diseño de portada: Víctor M. Montalvo Flores Magón

D.R. © Selector, S.A. de C.V., 2010
    Doctor Erazo 120, Col. Doctores
    C.P. 06720, México, D.F.

ISBN: 978-607-453-061-2

Primera edición: mayo 2010

Sistema de clasificación Melvil Dewey

863M
B15
2010

Las revoltosas / Abdó, Adriana; B. Balestra, E. Cárdenas, A. Díaz, S. Frid, M. T. Gérard, R. Orozco, B. Rivas, J. Sunderland Guerrero.--
Cd. de México, México: Selector, 2010.

192 pp.

ISBN: 978-607-453-061-2

1. Literatura. 2. Cuento. 3. Historia de México.

Índice

Índice

Todas dejaron una historia

Valientes, comprometidas, muchas fueron las faldas que expusieron sus vidas desde el anonimato. Lucharon, sirvieron, consolaron en horizontes que rebasaron la locura, la crueldad, la fantasía y la verdad que condujera a México a convertirse en un país independiente y en la República que hoy conocemos. Todas dejaron una historia de amor en el camino que resuena humana, llena de ideales y compromisos con una libertad, que incluso hoy, millones aún no respiran. Nada ni nadie ha de negar o desconocer los merecimientos que debemos a esa masa femenina que facilitó el difícil tránsito desde una entrega incondicional, una voluntad férrea y un espíritu patriótico.

María Teresa Gérard

Presentación

Cuando se piensa en el término *mujer mexicana*, prevalece la imagen de la hembra del macho, la sumisa esclava del tirano autoritario que se limita a alimentar a su hombre, organizar el hogar, saciar sus apetitos sexuales y parir hijos. Aparece haciendo todo ello desde la sombra, desde la posición de víctima. Sin embargo, al hacer un repaso de la historia de nuestra nación, surgen un buen número de luminarias femeninas para alumbrar el camino por donde los héroes llegaron a la fama. Algunas, ciertamente, encarnando la figura de la mujer invisible, la que permanece atrás del hombre grande y desde el anonimato hace posible la gloria para él. Pero hay otras, no pocas en nuestras páginas patrias, que han sido capaces de emprender abiertamente la lucha, enarbolar banderas, reivindicar causas.

Mujeres que no agacharon la cabeza y mostraron su valentía ante toda clase de adversidades. Damas que no renunciaron a ninguna de las condiciones de su sexo y se asumieron como un género único: el humano, sin detrimento de la esencia femenina. Fueron compañeras, esposas o amantes; trajeron hijos al mundo y, al mismo tiempo, cumplieron misiones históricas.

Mexicanas del tiempo en que el Cemanahuac recibió, con violencia, la cultura de allende el Atlántico, como la legendaria Malinche o la orgullosa hija de Moctezuma, después llamada doña Isabel. En plena Colonia, sor Juana, la monja que utilizó el claustro como santuario del intelecto. Criollas y mestizas que mostraron la casta y fueron actoras directas en la Guerra de Independencia. Josefa Ortiz y Leona Vicario, inteligentes y decididas, pusieron al servicio de la libertad su posición, prestigio y patrimonio. La Güera Rodríguez inspiró a más de un héroe de su tiempo y usó sus encantos y su sagacidad para influir en los acontecimientos. Margarita Maza fue el sustento de la fortaleza de Juárez, como Concha Lombardo, de su enemigo: Miguel Miramón. Melchor Ocampo, el paladín del matrimonio civil, vivía en amasiato con su hermana, Ana María Escobar. Pepita de la Peña, la adolescente que se unió al general francés, cambió su lealtad a la patria por el amor a su marido, y mostró la madera de que estaba hecha al rescatarlo. Porfirio Díaz puso a los pies de su amante oaxaqueña las vías del tren y, fiel a su deseo de modernizar México, permitió a una mujer convertirse en médico. Sara Pérez acompañó a su esposo, Francisco I. Madero, en la descabellada aventura de retar al poderoso dictador; Carmen

Serdán se unió al movimiento antirreeleccionista con el mismo ardor que sus hermanos. Muchas adelitas y manuelas siguieron a sus hombres durante la Revolución. Otras, como La Caramba-da, demostraron que no se necesita un hombre para ser brava y vencer a cualquiera. Mamá Cuca inauguró en nuestro país la profesión de enfermera, con una abnegación a toda prueba. Antonieta Rivas Mercado, la millonaria heredera, impulsó el arte y la política de nuestra patria hacia una nueva era.

Estas mujeres memorables inspiraron a los miembros del Taller Monte Tauro para recrear, mediante el cuento, anécdotas, emociones y figuras que hacen de la historia de México una galería de personajes maravillosos. Con la magia de la pluma, esas damas cobran vida; su entorno se materializa y el lector vive con ellas sus aventuras, sus pasiones. La literatura nos permite romper las barreras del tiempo y del espacio. Llenar los huecos que deja el dato histórico duro o cambiar el curso de los acontecimientos gracias a los vuelos de la imaginación.

Bertha Balestra

Los puntos rojos

Erma Cárdenas

—Tecuixpo, mi hija más amada, vienes a visitar a tu padre. Lo observó sentado, con los hombros gachos y ese gesto, tan aborrecido, de resignación.

—No, a mi padre no; al rehén de los blancos —la palabra, que antes le inspiraba reverencia, ahora ni siquiera la conmovió. Acaso, si sus ojos no se hubieran fijado en los tobillos aherrojados del prisionero, su reacción habría sido distinta. Así, la ignominia borró aquel respeto titubeante—. A mi padre jamás lo hubiera visto, ni hablado, a la cara. Mi padre estaba rodeado por esclavos, enanos, albinos y jorobados, pochtecas y teules... Los nobles se hincaban descalzos ante él. Se retiraban sin volver la espalda, ni despegar las pupilas del suelo. ¿A mi padre? —su voz se quebró—: ¡Jamás!

—Tecuixpo, Bella Flor, no puedes inventar insultos frescos —suspiró, añadiendo para sí—: Todos me los he dicho ya.

—Entonces, calla —ordenó en tono despectivo. Intentaba humillarlo, haciéndolo pagar aquella vergonzosa timidez. Intentaba, más aún, acicatear al viejo—. Recobra tu hombría... si todavía existe... y álzate contra el barbado.

—¿Contra un dios? —¡Únicamente a un orate se le ocurría sugerir semejante locura! —. ¿Contra Quetzalcóatl, el viento, el formador del hombre?

Magnánimo, regó con su sangre los huesos de nuestros abuelos, infundiéndoles vida. Le debemos sumisiones eternas.

—Ese ladrón —escupió, rencorosa—, ése, el que se atrevió a robar el tesoro de Axayácatl, no es un dios.

—¿Qué sabes tú? Yo, Sumo Sacerdote, conozco tradiciones terribles —se las relataría con infinita paciencia, como años atrás, cuando la entretenía con sus cuentos—. Quetzalcóatl se disfrazó de hormiga para hurtar del Tonacatépetl, cerro de la abundancia, un grano dorado. Lo sembró, multiplicándolo, y con el maíz alimentó al hombre... Todo es suyo. Hasta el pequeño tesoro de Axayácatl.

—Fundieron tus joyas —los acusó. Su resentimiento crecía al mencionar tales injurias—, pisotearon nuestras finas plumas, rompieron los chalchihuites para arrancar el oro, para saciar su avaricia.

—¿Importa acaso? —repuso, indiferente—. El oro es sólo excremento divino.

—Ellos lo ansían como a la misma vida —su amargura aumentó, quemándole la garganta.

—Nuestra vida pertenece al barbado, Cuenta de Agua —ansiaba consolarla, enseñándole a aceptar lo inevitable—. Barbada también era la Serpiente Emplumada, deidad pálida y casta. Enseñó a los toltecas el arte de los metales, la hermosura de la cerámica, el engarce de las piedras preciosas, los primores de la plumería y el logro humilde del mosaico.

—Éste no es casto. Fornica con una esclava, la que ahora se hace llamar Malitzin.

—Quizá lo pierda —¿por qué, en ese momento trágico, hablaban lenguas distintas? Y... ¿necesitaban hablar? ¿No hubiera bastado con tomarle la mano, compartiendo su sufrimiento? El pudor se lo impedía. Mejor aturdirse... hacer ruido para no oír, para no pensar—. Los otros dioses, envidiosos de la adoración que recibía Quetzalcóatl, lo obligaron a mirarse en un círculo de obsidiana. Texcatlipoca lo emborrachó con pulque y, ya beodo, perdió la castidad en el incesto. Como castigo, la Serpiente Alada abandonó Tullán y desapareció en Tlapallan Tlatlayau, el lugar rojo, el lugar negro... Avergonzado por el horror cometido, se arrojó a una hoguera. De las brasas surgió su corazón, transformado en estrella. Pero prometió volver... con el mar, con nubes blancas...

Las tradiciones religiosas deslumbraron a la doncella.

—Tienes el don de la palabra —por un instante, recuperó su niñez, los largos días luminosos—. Recuerdo cuando me cantabas las poesías de tu huehuetl, Netzahualcóyotl. ¡Qué suave música, qué esplendorosos versos! El don de la palabra... —entonces, la realidad se impuso. Contempló la sala despojada, al cautivo temeroso. Olió su miedo—. Quetzalcóatl no necesitaría a una ramera para traducirle el náhuatl —la ira la sacudió—. Tlatoani...

—No me llames tlatoani, Jade Cristalino —interrumpió, cansado, hastiado de existir—. Ya vinieron los que sojuzgarán esta tierra...

—No.

—Nosotros somos sus vasallos...

—¡No!

Por tal motivo, envié a nuestro amo sus atavíos: el tocado con el águila descendente, la máscara de turquesas formando dos serpientes enlazadas, los códices donde se menciona al príncipe tolteca.

—¿Le regalaste tus insignias? ¿Le regalaste...?

—Él es Quetzalcóatl, el que no morirá.

—Los blancos, arrastrados hasta el teocalli, lanzan gritos de terror. ¡Y mueren, Señor, mueren! —lágrimas rabiosas le impidieron continuar. Al fin, exhaló—: Sus corazones están llenos de sangre, como la nuestra. Quizá menos roja porque más temen. Por tal motivo, los pipiltzin se niegan a comer la carne de esos cobardes.

—Cierto, ciertas tus réplicas —admitió. El dolor de su hija lo taladraba como un puñal. La única manera de salvar a esa incauta era ayudándola a someterse—. Y, sin embargo, nos vencerán. ¡Así lo escribieron los astros! Al igual que tú, en mi juventud me sublevé contra el destino —un suspiro hondo estremeció su rostro—. Hace años llamé a los más prestigiados hechiceros del imperio. Acudieron de Malinalco, Míxquic y Tláhuac. Un anciano me describió a los tonacamzatl, los venados solares, las casas flotantes, las armas que arrojan fuego.... y nuestra derrota. Entonces lloré, lloré mi desconsuelo.

—El Anáhuac lloró contigo, te acompañó su llanto —con gran esfuerzo se contuvo. Permaneció en su sitio para no reconfortar al viejo pisoteado.

—Maíz Tierno, no he cedido sin luchar. Me rebelé, aun contra lo inevitable —la observó, suplicándole una migaja de piedad, un perdón que lo absolviera de sus culpas—. Envié hechiceros con una sola orden: echarles miradas ponzoñosas y conjuros mágicos a los extranjeros. Deseé que enfermasen, muriesen o, simplemente, regresasen a Chalchicueyecan, la playa donde arribaron.

—Sus escudos, armaduras, cascos y espadas están hechos de metal impenetrable. Y nosotros, ¿con qué nos defendemos? Nuestras hachas se rompen astilladas, nuestras pobres lanzas estallan en pedazos. ¡Iluso! Te enfrentaste a ese metal desconocido con una mirada. Tembloroso, apenas te arriesgaste a desearles la muerte.

—Intenté escapar a la caverna oscura, a la región de los muertos —tartamudeó. Se justificaba de prisa, olvidando las pausas solemnes que otrora marcaban sus discursos—. Busqué el camino del Mictlán, me dirigí al norte, al lugar sombrío. Me puncé con agujas de maguey pidiendo a los dioses que no fuera yo, ¡yo! el que entregara el imperio. Debía nacer otro, maldito y maldecido por todos, al que le correspondiera tan triste suerte... No me escucharon: aún vivo —se llevó la mano al pecho, anhelando sofocar su jadeo—. Roto mi corazón, acabé acatando mi sino.

—Al verte, nadie habría adivinado tu pena —ironizó ella. No lo perdonaba, no podía. No obstante... ¡cuánto hubiera dado por sentarse junto a él y susurrar: "duerme, duerme. Todo se reduce a un mal sueño!".

—Te mofas porque honré al señor Cortés —¿tan difícil era aceptar los motivos que explicaban su sometimiento?—. Le devolví su casa, Tenochtitlan, su estera, su silla... yo sólo las guardé durante un corto tiempo. Lo traje aquí a reposar entre aves canoras y copal perfumado.

—Hiciste más: le revelaste nuestras profecías y él, astuto como coyotl, se aprovechó de tu credulidad —ese viejo, superior a cualquiera de los consejeros reales, de pronto le pareció un idiota.

—Luna Llena, escucha —ahora estaba en su terreno. Conocía cada predicción, cada augurio, mejor que sus pesadillas—. Los presagios existen desde el trece calli, año de hambrunas. El

Popocatépetl no humeó durante veinte días. El tres técpatl aparecieron fantasmas; en el oriente vimos una bandera blanca...

—¡Calla! Me lo has repetido mil veces.

—Anunciaba, hoy lo sé, la primera de esas grandes casas navegadoras. El cuatro *calli*, nubes alargadas cubrieron el horizonte. Un pájaro con cabeza humana voló sobre nosotros.

—¡No quiero oírte!

Ante tanta majadería, el prisionero perdió la serenidad. Su voz recobró el timbre que hacía trepidar a los vasallos.

—Pues escucharás porque aquí está la razón de mis actos. Quizá así entiendas y dejes de juzgarme.

—¿El tlatoani ordena?

—Tu padre ordena —esa firmeza restableció la antigua relación. Tecuixpo asintió con el corazón alegre. De pronto, el tintineo de los hierros cortó la pausa... y la verborrea acabó con aquella esperanza—. Una columna se desmoronó; el cuauhxicalli, piedra que guarda los corazones aún calientes, se negó a recibir más sacrificios.

Le resultó imposible reprimirse. Las palabras escaparon de su boca:

—¿Nos incumbe todo eso? Sólo importa haber maniatado a tus guerreros impidiéndoles levantarse contra el enemigo. Si hubieras...

——El cinco tochtli consulté a Nexahualpilli, señor de Texcoco, experto en ciencias ocultas. Mi aliado anunció: "Nuestras ciudades serán arrasadas; nosotros y nuestros hijos, muertos; nuestros súbditos, apocados. Talarán el maguey pequeño y sin sazón" —tomó aliento, en medio de su terrible tristeza—. ¡Y todo se cumplirá!

Ya no le prestó atención; la corroía su propia impotencia.

—Sin pudor, te han impuesto a ti, nuestro tlatoani, sus humillantes exigencias. ¡Hasta te obligaron a ceder un rincón del Gran Teocalli para clavar una cruz, símbolo de su extraña religión! Los detesto, detesto a su dios...

—Hija, habla quedo —miró su alrededor, temeroso—. ¿No recuerdas? Entraron por Ixtapalapa disparando sus armas, sus truenos. Las chispas... el azufre sembró angustias mortales entre el pueblo.

—Te encadenaron.

—Con espejos, atrapan nuestros rostros...

—Convirtieron en rehenes a tus hijos, príncipes del reino Culhúa Mexica.

—Sus armas retumbaban, aturdiendo mis oídos...

—Les mostraste nuestras minas, las defensas de nuestros puertos; les regalaste cacao...

—Quiere casarse contigo...

—Los tenochcas escupen sobre tu mansedumbre. Ya no obedecen, forman grupos murmurando contra ti —se detuvo, atónita. Creyó reconocer una condena peor que la muerte—. ¿Dijiste algo? Repítelo.

—Quiere tomarte por esposa.

El estupor la paralizó.

—Pretende honrarte...

Entonces, sí se aventuró a aproximarse un poco.

—Pues yo me niego. ¿Comprendes? ¡Me niego!

De repente, se contuvo. Por vez primera alguien se oponía al Sumo Sacerdote, al más poderoso gobernante de aquellas inmensas tierras... por primera vez una mujer desafiaba al emperador. Un frío terrible la sobrecogió, desvaneciendo su furia. La congoja la obligó a musitar, aunque en esa enorme sala su queja se amplió por el eco.

—Los blancos han acabado con todo... hasta con el amor que me unía a ti —suspiró, revelando su secreto—: De niña te reverencié. Nunca me distraje mirando a un mancebo, pues ninguno alcanzaba tu altura. Por eso me rehusé a abandonar tu palacio; por si me necesitabas algún día. Rogué que murieras sentado sobre tu trono, pero también te imaginé anciano, con el cabello cano... Sólo yo permanecía a tu lado. Los ambiciosos seguían a tu sucesor; los fieles, te dejaron a mi cuidado, pues nadie superaba la ternura de mis manos —las lágrimas se derramaron por sus mejillas y su voz tembló, desfallecida—. Si alguien me hubiera preguntado a quién ofrecía mis cantos, de las deidades del Anáhuac habría elegido un sólo nombre, el tuyo, Moctezuma —el silencio los envolvió, semejante a una tenue ilusión. La princesa recobró el dominio a duras penas, sin darse por vencida—.

Emprende una guerra florida contra el invasor. Yo llevaré tu estandarte, marcharé adelante de ti, siempre adelante, para resguardarte con mi cuerpo. Mi corazón, tu escudo, atrapará balas y flechas.

El emperador avanzó hacia ella. A pesar de las cadenas, la rodeó con sus brazos.

—Hija...

——No me entregues —sollozó indefensa, confiándose a él——. Ya perdiste al Anáhuac, ya perdiste el honor, tu rango... No pierdas a la que más amas.

Un ruido los interrumpió. Tres guardias entraron corriendo y se echaron a los pies del prisionero. El primero se animó a dirigirle la palabra.

—Señor, mi Señor, mi gran Señor, nadie te vigila. Los hombres pálidos han huido. Vuelves a reinar en tu inmenso palacio.

—Escucha, escúchanos antes de sacrificarnos por entrar hasta aquí —rogó su compañero—. Escucha porque el pueblo cerca tu morada, enfurecido. El Capitán Sol, el del corazón perverso y la barba amarilla, ordenó que rodearan la plaza y mataran a la flor de nuestra nobleza. Abatió el brazo de los músicos, cortó los pies de los danzantes, atravesó con su espada a los sacerdotes.

—Muchos intentaron escalar los muros... no lo lograron. La sangre corría como agua colorada.

De pronto, un griterío atravesó entre las paredes.

—¡La rebelión! —se asombraron los guardias, atisbando por la ventana—. Una nube de lanzas obliga a los barbados a esconderse en este palacio.

—¡Al fin! —gritó Tecuixpo, incrédula.

En ese momento, el emperador recuperó la dignidad. Se irguió con solemne decoro y dijo:

—Debo calmar a mi pueblo, obligarlo a que acepte su destino —señaló sus cadenas, disponiendo—: Llévenme al balcón.

—Abandéralos —se interpuso Tecuixpo—. Están prestos a seguirte. ¡Sálvalos! ¡Sálvame a mí, a tu hija!

La contempló con infinita compasión. Después, movió la cabeza, negándose.

—No pretendas detenerme, Pluma Luminosa.

La joven guardó silencio, mientras el odio reemplazaba cualquier otro sentimiento.

—Tlatoani, no te asomes... —previnieron los guardias al soberano.

Desde abajo subía un rumor terrible.

—¡Mocauhque: dejado!

Un odio escarlata...

—¡Mocauhque: miedoso!

Empapado en sangre...

—¡Mocauhque: cobarde!

Brutal, avasallador...

—¡Mocauhque: castrado!

Moctezuma alzó los brazos. La calma se impuso. Ni un susurro se deslizó por la plaza.

—Volved a vuestras casas —intentó mandar; de repente, las mismas palabras se trocaron en súplica—: Volved a vuestras casas...

Un rugido acalló el resto.

—¡Silencio! El tlatoani habla...

En ese momento, empezaron a caer las piedras.

—No atinarán: están demasiado lejos —concluyó el vejado, espiando por el balcón—. Guardias, avisen a los extranjeros. Sugieran que se refugien aquí, en esta celda. Yo los ampararé con mi majestad. Mi persona es sagrada.

Padre e hija se quedaron a solas, mientras las piedras seguían cayendo. El preso contemplaba a los exaltados con displicencia. Las piedras asesinas rodaban una tras otra a sus pies.

Tecuixpo retrocedió unos pasos, para quedar tras él. Se inclinó y agarró un guijarro punzante, amoldándolo a su mano. Lo oprimió hasta que sus dedos le ardieron. Cuando estuvo segura de que no erraría, se enderezó. Su brazo tomó impulso, mientras su boca lanzaba el insulto bochornoso:

—¡Mocauhque!

El aludido se volvió, contempló por unos segundos a su hija, la más amada, Jade, Agua, Luz, antes de recibir el proyectil en medio de la frente.

La princesa, inmóvil, miró al moribundo. Luego, se inclinó para rectificar con un lamento que encerraba todos sus pesares:

—¡Padre!

Retrocedió hasta acuclillarse en un rincón. Ni un gesto alteró su rostro. Quizá se evadió del mundo durante unos minutos pues, al recobrar la conciencia, la habitación estaba llena de caudillos.

—Alguien tuvo la suerte de matarlo —se congratuló Cuitláhuac. A continuación, prosiguió con urgencia extrema—: Ahora, yo asumiré el mando. Organizaremos la resistencia, impediremos que nuestros enemigos escapen. Nuestra ciudad se volverá su tumba. Los encerraremos en este palacio, hasta matarlos de hambre.

—Las profecías... —interpuso uno.

—¡Quizá se cumplan! Pero no con nuestro asentimiento, no con la cabeza gacha.

—Quedan dos águilas en esta isla, los mexicas y los tlatelolcas. Dos águilas solitarias. Únicamente dos.

—Bastan. Primero levantaré a los dioses. Volveré a colocarlos sobre los teocallis. Después, lucharemos. Enemigos y aliados atestiguarán la defensa de nuestra tierra. ¡Nadie se rendirá!

—Estamos sitiados por los traidores tlaxcaltecas. No hay comida; escasea el agua dulce.

—Haremos un festín royendo raíces o masticando cortezas. Andaremos sobre cadáveres. Las mujeres ocuparán el lugar de los guerreros muertos. Palmo a palmo resguardaremos lo nuestro. No entregaremos ni una chinampa, ni una casa. Y, si a pesar de todo, Huitzilopochtli se niega a ayudarnos, degollaremos a nuestros hijos para salvarlos de la esclavitud, ahorcaremos a nuestras esposas, evitando que las rebajen. Todavía podemos vivir sin sentir vergüenza, todavía podemos vanagloriarnos al decir: los mexicas no conocen el miedo.

—¡Al fin! —sollozó la princesa desde la penumbra. Por segunda vez repetía esa exclamación, resumen, ahora, de su orgullo. La asamblea reparó fascinada en la intrusa.

—Tlatoani —saludó a Cuitláhuac—, permíteme servirte arrodillada, tenderte el aguamanil, cargar tu escudo de jade y oro. Yo colocaré sobre tu cabeza el penacho imperial. Se postró ante el paladín. Luego, le besó dulcemente los pies. A él se entregaría, al libertador. Admiró la piel broncínea, el torso desnudo... y ahí, sobre aquel cuerpo regio, distinguió unos puntos rojos, supurantes.

Reculó atónita. ¡Los puntos rojos! La enfermedad traída por los blancos desde lejanas tierras... la epidemia que contagiaban a los indios...

Entonces, supo, con certeza lacerante, que el Anáhuac estaba perdido.

El perfume del ahuehuete

Erma Cárdenas

Hoy, noche de desvelos, la consagraré a hablarte. Por ese motivo, emplearé tu lengua, la que me dio supremacía y me elevó hasta tu altura. A pesar de ser mujer, atestigüé, de pie y a tu lado, tu encuentro con Moctezuma. El tlatoani jamás se rebajó a aprender tu idioma; a ti ni siquiera te pasó por la cabeza entender a los vencidos. Los dos hombres más poderosos de estas tierras dependían de mí, de mí dependían.

Voy a contarte mi historia, mi verdad. No aquélla que anda escribiendo tu cronista, el tal Bernal Díaz, amoldándola a sus intereses. Mi verdad, con tus palabras en castilla, las mismas que has enviado a través del océano para embrujar a tu rey describiéndole las magnificencias del Anáhuac. Así, al oírme te oirás y acaso comprendas, por primera vez, mis sentimientos.

Todo esto no se relaciona con tu expedición hacia las Hibueras, una expedición que corazón, venas, toda mi sangre, me avisa te matará por su fracaso. Pero tú no has querido escucharme... hace mucho tus oídos olvidaron mis susurros, la complicidad de mis consejos que, admitámoslo o no, te regalaron la gloria.

A mí, en cambio, me regalaron a Portocarrero, como botín, para que los mayas firmaran una paz transitoria con los invasores. Y, ya usada, mas no por primera vez, me viste, te gusté, y obedeciendo un gesto de tu mano mi dueño me cedió a tu cama.

Lo recuerdo fielmente... también te vi, también te deseé, sin importarme tu suciedad o tu barba, ni ese olor penetrante a caballo que galopa y largas jornadas de insomnio.

Una noche me llamaste... Acostados sobre la arena, te descubrí las argucias con que la india sujeta al varón. Me convertí en las cuatro esposas del cautivo más valiente, más fuerte, más bello, más joven, a quien se le brindan todos los placeres durante un año, para que, al final, tocando sus flautas de barro, ascienda el teocalli hasta los sacerdotes que lo sacrificarán al sol. Y allí quedarán las flautas rotas y el corazón desnudo de la víctima.

Sí, yo decidí transformarme en flauta, en instrumento para ofrendarte mis cantos; en las cuatro amantes, elementos del universo, para enamorarte como fuego, como agua, como viento, como tierra... quemándote, refrescándote con mi humedad, obligándote a sumergirte en mis profundidades, elevándote hasta cumbres jamás imaginadas.

No, no imaginabas el amor lento, inacabable, irrepetible. Estabas acostumbrado a las prisas de los señores feudales, a una

falta de sensualidad que equiparaba el gozo carnal con el acopla-
miento de las bestias y yo te enseñé los secretos de la Coatlicue,
te conduje de la mano, pasándola por mi piel lampiña, mis largos
cabellos, mis labios entreabiertos. Yo rebasé contigo los límites
del éxtasis. Por eso fuiste mío... al menos durante un tiempo,
embriagado de copal, palmeras y calor de costa.

Porque eras mío te libré de la masacre en Cholula. Escuché a
una vieja que me proponía casarme con su hijo. Lo observé de
lejos, casto, exudando virilidad... Y ni su piel ni sus ojos lograron
estremecerme por curiosidad o por lujuria. No obstante, la vieja
insistía en el matrimonio, exponiendo los peligros que me ace-
chaban si seguía al teúl, a ti, que morirías en una emboscada.

Te comuniqué esos rumores, guardándome la parte atesor-
rada por mi vanidad: el ofrecimiento de un guerrero noble a la
querida del blanco, del Quetzalcóatl que regresaba allende los
mares. Y así te salvé la vida y la esperanza, Hernando.

Yo te consolé la noche triste en que murieron tus capitanes,
cargando el tesoro de Moctezuma. Mientras llorabas apoyando
tu cabeza entre mis pechos, cubrí tus oídos, pues de esta suerte
no escucharías los alaridos de los españoles que sacrificaban en
el Gran Teocalli. Mis ojos se bebieron tus lágrimas y, al rever-
tirlas, juré, con tal de consolarte, que la ciudad caería bajo tu
espada, costara lo que costara.

Costó mucho. Durante tres meses destruimos calli por calli,
mientras los moradores de los cuatro barrios defendían, palmo

a palmo, sus chinampas, sin rendirse jamás. Morían con sus hijos, con sus mujeres, y los muros de adobe cubrían sus cuerpos... abundante cebo para engordar a los peces del lago.

Cegamos el acueducto, quemamos los acales, impidiendo el abastecimiento a los sitiados... ¡y aún debimos aguardar a que viruela y hambre acabaran con la nobleza mexica!

Cuando únicamente quedaban los cobardes, los viejos, los débiles que apenas podían sostener un arma, los niños huérfanos, los esqueletos de los caballeros águila y la agonía atroz de los caballeros tigre, cuando el último emperador decidió escapar para continuar con la resistencia en otra parte, tú y yo estuvimos a punto de claudicar.

Las filas menguadas de los tlaxcaltecas, el cansancio de matar sin tregua, el tedio de destruir lo más bello que seres humanos vieron, casi terminan con tu terquedad y con mi valor. Tú no sufriste conmigo; tus ojos nunca se extasiaron en aquellos dos azules: uno, aire transparente; otro, lluvia ahogándose en el lago. No descubriste ese matiz, ¿nube, horizonte?, recostado sobre el Iztlaccíhuatl, ni percibiste el humo ascendiendo en líneas ondulantes al corazón de los dioses.

Para ti, conquistar a la Gran Tenochtitlan no significó pisotear una joya arquitectónica flotando sobre un espejo, ni acabar con la promesa de Huitzilopochtli al pueblo elegido. ¿Conociste acaso otra urbe en que las calles fueran líquido, frío, vivo y conteniendo vida, movedizo y tentador como el suicidio? Aquí reinaba el silencio, no existía el ruido de armaduras, ni cascos, ni ruedas estrellándose contra los adoquines. El agua —quetzal dormido— lamía las chinampas, reflejaba y recreaba al sol, duplicaba a los volcanes y tú... ¡aplastaste ese cristal luminoso para apoderarte de unos puñados de oro!

El lago se tragó nuestra cultura: códices, poesía, jade y obsidiana. Devoró pirámides, templos, ritos a los muertos. Los mejores, los más fuertes, los de sangre noble, perecieron bajo la metrópoli. Sus huesos sirvieron de cimiento a tu ciudad... grandiosa, desde luego; imponente, cierto; espléndida como el Anáhuac, pero árida. La laguna desaparecerá con los años, se opacará el cielo, el aire perderá su transparencia. Los azules se convertirán en eriales, en desierto. ¡Te entregué el don supremo y te conformaste con reinar sobre un camposanto!

Una noche dormimos, ¡al fin!, entre las ruinas apestosas a derrota. Dueños de la orgullosa Tenochtitlan con todos sus fantasmas humillados, convivimos entre recuerdos de pesadillas tenebrosas. Todavía guardo en la boca el sabor de tu piel al mordértela buscando la yugular, odiándote porque me odiaba, amándote al admirarme.

Realmente yo vencí a los tenochcas. Traduje lo que convino traducir, mentí si me pareció necesario, susurré mil argucias mientras te acariciaba, propiciándote a obedecer mis órdenes. ¡Traicioné con tal de no traicionar el amor que me inspirabas! Fuiste palabra, caballo, puñal de obsidiana para sacrificar a los míos. En la guerra florida que dirigí te entregué a ti, mi dios, a un pueblo soberbio de valientes.

Ni eso te satisfizo. Anhelabas dominar, subyugar, suprimir, extirpando las últimas rebeldías. Entonces, te ayudé a cargar una inmensa cruz hasta la cima del templo de Huitzilopochtli. La izamos juntos, tus manos se apoyaron en las mías. Ahí, en lo alto, contemplamos nuestra obra... y las estrellas. Con esa hazaña, me explicaste, purgabas tus pecados.

Ya estaba preñada al enterarme de la nueva: tu esposa Catalina había arribado a Veracruz. Ya crecía en mi vientre el hombre cósmico. Lo creamos cuando empezabas a rechazarme asociándome con la raza sometida, con la india descastada sólo comparable a Judas. A pesar de tu desprecio, los celos me corroían, me desgarraban por dentro. Sin embargo, me obligué a fingir indiferencia.

Catalina llegó a Coyoacán y tomó posesión de tu casa. Al día siguiente, la honraste con un banquete para presentarla ante tus capitanes... ¿Yo? Acataba tus órdenes, permaneciendo en mis habitaciones. Ni siquiera me quejé cuando cesaste de visitarme, pues creí contar con la mejor arma.

Escondido en mi cuerpo, todavía promesa, todavía sueño, vivía tu hijo mestizo, unión de dos universos. Ese hijo no podría dártelo la infecunda Catalina, ni otra española, porque no poseería la unicidad del nuestro. Tú y yo fundidos en una nueva etnia, en una mentalidad diferente, aún no catalogada. Un niño mexica con ojos claros... monstruo pequeño capaz de todo, realizador de nada.

Pensé, ¡pobre ingenua!, que ahorcaste con tus propias manos a tu esposa por darme gusto. Nadie prestó atención a tus protestas de inocencia. Juraste haberla encontrado muerta después de su vulgar pleito público. Beodos, intercambiaron insultos y recriminaciones soeces al calor del pulque. Ella, llorosa, se retiró a rezar a una capilla privada, mientras descargabas improperios contra las mujeres en general, y la tuya en particular, frente a tus capitanes. Más tarde lo afirmaste: al entrar en los apartamentos de Catalina, ¿para hacer las paces?, la hallaste muerta.

A todos les pareció sospechosa tu prohibición: no permitirías que examinaran el cadáver, mucho menos las huellas violáceas entrevistas en el cuello, bajo la camisa. Esos incómodos detalles salieron a relucir en boca de criadas durante tu juicio. En ese instante, una palabra habría bastado para arrancarte tu recién adquirida nobleza y el total de tus preciadas posesiones. La callé.

Nadie supo, ni tú mismo, que esa noche fatal observé, oculta tras ricos cortinajes, cómo la ahorcabas, manchándote con sangre y saliva. Loca de rabia, intentaba atestiguar si amabas a la otra. De comprobarlo, hubiera usado la almohada para cortarle el aliento. Tú... únicamente te adelantaste a mis intenciones. Tus manos, las de las tibias caricias, cumplieron mis deseos más recónditos y más crueles. Somos, vida mía, dos caras de la misma moneda.

Los oidores apenas se atrevieron a murmurar conclusiones ambiguas. Asesinaste harto de ansiar un heredero que esa pálida estéril no te ofrecía; pero tu poder y mi silencio te salvaron. Así, te escabulliste con bien, no ileso, con bien. Valora tu fortuna; no levantes las sospechas de los tribunales eclesiásticos. Tienes demasiados enemigos, Hernando, y poca prudencia.

Nos olvidamos de Martín, nuestro hijo, en el idilio posterior al parto. Cómplices de dos crímenes, tu esposa y mi ciudad, traidores cada uno a su modo, nos emborrachamos de placer para sobrevivir. La culpa rondaba nuestros besos, los remordimientos daban un sabor extraño a nuestras contorsiones. No obstante... ¡yo jamás fui tan feliz sufriendo tanto!

Me quedé esperando. Nunca te casaste conmigo. No legitimaste, con un plumazo, a nuestro bastardo, al holocausto de una raza. Me quedé esperando, porque consideraste que mi utilidad ya no alcanzaba a tu grandeza; el aniquilamiento de un mundo mágico difícilmente compensaba tu heroísmo. Con tu desprecio me descubriste la única verdad: tu pasión sólo fue pasión de triunfo, por eso no se te antojaba saldar tus deudas de amor.

Y hoy...

Mañana me caso con el hombre que tuviste a bien escogerme. Te comprendo; necesitas a una española para fundar tu estirpe, a una marquesa para entregarle el valle de Oaxaca... y yo te estorbo. Lo comprendo, mas no te lo perdono.

Como dote matrimonial, me regalas extensas propiedades. ¿Acaso pagas el obsequio del Anáhuac? ¿Me cedes las almas de cien encomendados a cambio de un imperio? ¿Pretendes que un día cualquiera, en un descuido, me asesinen esos esclavos consumidos por el odio? No, quizá no se atrevan: la conquista los ha castrado igual que a mí, igual que a ti... Hibueras será tu tumba, Hernando, lo siento en lo más hondo de mis venas.

No vayas, no luches contra tu destino...

Sí, ve, avanza sin detenerte.

Mañana, me pondré el huipil de novia, bordado con plumas preciosas. En el quechquemetl entreveraron chalchihuites y trenzarán mis cabellos con cordones de oro. Deben pesar mucho pulseras y brazaletes, pendientes y pedrerías... deben ser suaves las sandalias de piel de venado, casi tanto como el algodón fino, blanco, de la capa cuyas ondas caen hasta el suelo. En el pecho llevaré una flor azul... azul de cielo, agua, volcán... azul que tú nunca viste. ¡Ay, cuánto pierdes al perderme!

Todavía soy bella y le daré un buen servicio a mi esposo, Jaramillo. Deberá preñarme pronto, para que no creas que te extraño, que me niego a entregarme, que eres irremplazable... para que no descubras nunca la añoranza terrible de mi cuerpo.

Ruego a tu Dios, misericordioso, te alcance mi maldición. ¡Que en otras mujeres te falte el color de mi piel, el cabello largo y brillante, mi sexo sin vellos, el perfume del ahuehuete! En ninguna encontrarás el complemento de tu triunfo, ni el castigo del recuerdo. Ninguna compartirá contigo el pasado de tu gloria, ni el presente de tu infierno... sólo yo, la Malitzin.

Una certeza me sostiene, Hernando. Mi nombre borrará el de mis rivales y, enlazado con el tuyo a través del tiempo, te hará mío... para siempre.

Este texto, lector mío

Beatriz Rivas

engo aquí y ahora, hablando como ustedes hablan para que mejor me entiendan, con un único propósito: pedirles que dejen de interpretarme, de analizar tanto mi personalidad como mi obra y sólo se dediquen a disfrutar, o no, lo que he dejado por escrito: romances, endechas, redondillas, décimas y un largo etcétera. ¿No se supone que ustedes viven en una época hedonista, en la que el gozo ocupa la prioridad y la razón se queda rezagada?

Estos versos, lector mío,
que a tu deleite consagro,
y sólo tienen de buenos
conocer ya que son malos
ni disputártelos quiero,
ni quiero recomendarlos,
porque eso fuera querer
hacer de ellos mucho caso.

Voy al grano y disculpen mi expresión, pero, en estos tiempos, la encuentro muy adecuada: no le busquen tres pies al gato porque, a menos que lo haya atropellado un microbús, generalmente tiene cuatro.

Así es; les robo unas cuantas páginas de su atención. Estoy segura que, después de leerme, sabrán comprender lo que me angustia y harán posible mi petición; un deseo añejo de tranquilidad y reposo.

Sobre mí se han escrito más de dos centenas de libros, ensayos, cuentos, novelas, tratados, prólogos e introducciones. Larga lista y, me perdonarán, pero sigue otra: biógrafos, historiadores, poetas, críticos literarios, novelistas y admiradores en general, mexicanos y extranjeros, han intentado profundizar en mi obra, indagar sobre mis días cuando todavía estaba viva y gozaba de salud plena. Los políticos me utilizan, inventando homenajes y aprovechando mi nombre en sus discursos superfluos.

Yo, por mi parte, he hecho un esfuerzo por leer lo que de mi persona se publica. Confieso que he abandonado algunos ensayos desde las primeras páginas e incluso, he tenido que deshacerme de algunas novelas pues, aunque tengo garantizada la vida eterna, aprecio el tiempo que le dedico a la lectura, de la que me confieso una apasionada sin remedio; por eso mismo, les aseguro que hay textos que no valen la pena. He encontrado afirmaciones e hipótesis que me han arrancado profundas carcajadas. ¡Vaya quimeras las de los estudiosos, cómo les gusta ver misterios donde no los hay, qué ganas tienen de descifrar supuestos enigmas! ¿Cómo se atreven a imaginar, y poner sobre papel, mi vida íntima? ¿Quién les otorgó la autorización, que ni Dios tiene, de fantasear sobre mis intenciones, de explicar mis deseos?

Al escribir sobre mí, la mayoría de los autores usan términos como: *quizás, tal vez, se cree, sor Juana debió ser...* es decir, de nada tienen certeza. No pueden entrevistarme ni cuestionarme directamente, pero, aun si estuviera viva y me tuvieran enfrente, ¿valdría la pena que me preguntaran lo que está ahí, en negro y blanco, en los poemas que mi alma me dictaba día a día?

No voy a repetir lo que ya saben: que nací un doce de noviembre de mil seiscientos cincuenta y uno en San Miguel Nepantla, Estado de México, que fui bautizada como Juana de Asbaje y Ramírez de Santillana. ¿Hija legítima o ilegítima? ¿Qué más da? Lo importante es que gracias a que tuve acceso a la biblioteca de mi abuelo aprendí a leer a los tres años y, a partir de entonces, me sentí invadida por un impresionante deseo de conocimiento. Debo admitir, aunque peque de vanidosa, que fui una mujer de una inteligencia inquieta, dueña de una gran memoria y una extraordinaria cultura. ¿Bella? No podría afirmarlo, además, los cánones de belleza han cambiado, pero, otra vez, ¿acaso tiene importancia? Fui poetisa oficial de la corte, virreyes y virreinas supieron quererme y yo aprendí a serles necesaria. A los dieciséis años decidí hacerme monja para encontrar, como dijo años después Virigina Woolf, mi habitación propia. Al principio tuve suerte: fray Payo Enríquez de Ribera me permitió vivir rodeada de libros, ¡ah, mis queridos libros!, y dedicar más tiempo a la escritura y a la lectura que a la oración y a las obligaciones conventuales. Me gustaba trabajar en la cocina, mas nunca encontré el beneficio de fregar los pisos de barro cocido, lavar las escudillas o rezar al menos diez veces al día: las Vísperas, las Completas, los Maitines, los Laúdes, las Primas y un largo etcétera. En cambio, qué sed de saber tenía. Qué difícil y qué bello era lograr saciarla.

Mi condición de mujer e intelectual me procuró muchos conflictos. ¡En esa época tantas cosas nos eran prohibidas! Someternos a la voluntad de los hombres, ser poco sabias y muy calladas, era esencial. Pero no debo quejarme: si no hubiera sido mujer y si no hubieran existido perversos personajes como Francisco Aguiar y Seixas ni Antonio Núñez de Miranda (¿saben que mi confesor y yo morimos un día diecisiete, con dos meses de diferencia?) mis palabras no habrían tenido el poder necesario para sobrevivir en el tiempo. Mis enemigos y censores fortalecieron mi talento. Las letras se hacen más intensas con las amenazas. Las dificultades nos dan temple y firmeza y los grandes retos convierten lo imposible en obras de arte. Aprendí a decir lo indecible y a ser profundamente sutil para revertir los ataques y no ser acusada de nada.

Tiempo después, gracias a mi estrecha relación con las esposas de los virreyes, sobre todo con mi querida amiga María Luisa, condesa de Paredes de Nava, mi obra fue publicada en España, primero en Madrid, luego en Sevilla. Entonces...

Un momento. Debo detenerme. ¿Realmente alguno de ustedes ya sabía esto? Ahora que están de moda las encuestas, habría que preguntar en las calles, en las casas, en los cafés, en las librerías e incluso en internet si saben quién soy. De saberlo, ¿han leído alguno de mis poemas? De haber leído uno que otro, ¿los ha conmovido? ¿Los ha impulsado a "sentir algo" o al menos alguna de mis sátiras los ha hecho sonreír? Además del muy popular "Hombres necios que acusáis a la mujer sin razón...", ¿serían capaces de recitar alguna otra redondilla o acaso pueden mencionar títulos de romances o villancicos?

Formo parte de los cánones de la obligada cultura oficial. Desde mi primer biógrafo, Diego de Calleja, hasta este escrito, pasando por Octavio Paz, me han dado una importancia que tal vez no merezca. ¡Me han llegado a comparar con Góngora y Quevedo! ¡Me han llamado la más importante figura del Barroco, la mujer que más brillo habría de darle a las letras mexicanas! Entendido lo anterior, pocas personas se atreverán a admitir en público que no me han leído: serían inmediatamente clasificadas de incultas y se sentirían ridículas. Yo, lo confieso, preferiría que mis connacionales conocieran de memoria alguno de mis versos aunque los intelectuales no me dedicaran tantas páginas. Por ejemplo, algún soneto tan sencillo que pudieran recitárselo al ser amado con quien tal vez ya no quieren estar y no encuentran manera de expresarlo:

Yo no puedo tenerte ni dejarte,
ni sé por qué, al dejarte o al tenerte,
se encuentra un no sé qué para quererte,
y muchos sí sé qué para olvidarte.

Cómo quisiera que estos versos, lectores míos, los hicieran suyos sin más nada, pero las voces que hasta aquí me llegan, murmullos apenas, desean saberlo todo. Creen que todavía puedo decir algo importante. ¿No es suficiente lo que dejé por escrito? No insistan: no contaré mi historia. Nunca la he contado. Así que, si no es mucha molestia, les pido, por la gracia del Señor, que dejen de imaginarla. No hay trampas, ni enigmas, ni engaños. Soy mi obra: mis palabras me contienen, mis sonetos me liberan, mis letras me acarician.

Óyeme con los ojos,
ya que están tan distantes los oídos,
y de ausentes enojos
en ecos, de mi pluma mis gemidos;
y ya que a ti no te llega mi voz ruda,
óyeme sordo, pues me quejo muda.

¿Acaso requieren una explicación minuciosa de lo que acaban de leer? ¿Es imperativo agregar algo más? Mejor no respondan.

Los recuerdos se agolpan. El sufrimiento comienza a llegarme, poco a poco. Al convocar a mi memoria, también le he dado paso a lo que me llevó a la muerte: no, no fue la peste, sino una agresiva mutilación de mi alma. Las palabras que me hicieron escribir y rubricar con mi propia sangre, un cinco de marzo de mil seiscientos noventa y cuatro. Tuve que comprometerme a abandonar la búsqueda de la sabiduría, a dejar los escritos supuestamente profanos para dedicarme, en cuerpo y alma, a la vida religiosa. Me obligaron a pedir perdón por haber dudado de los dogmas de fe y por haber ofendido a Dios. Lo peor lo viví el día en que entraron a mi celda para incautar mis libros, mis amados libros: más de cuatro mil volúmenes. Me quedé vacía, desamparada, desahuciada. Rota. Nunca sentí tanto dolor; apenas sobreviví un año. Las fuerzas y las ganas de seguir luchando me abandonaron como, tal vez, me vuelven a dejar en este momento.

Yo, a quienes ustedes como la Décima Musa han bautizado, afirmo, después de mucho reflexionar: hagan lo que les venga en gana: analícenme, tírenme, ignórenme, adórenme, estúdienme, invéntenme... ya nada importa pues muerta estoy y no pienso mudar de estado.

Este texto, lector mío, ha sido un intento inútil, "una necia diligencia errada. Es un afán caduco y, bien mirado, es cadáver, es polvo, es sombra, es nada".

A sus pies, doña Josefa

Rebeca Orozco

1.

oña Josefa y sus hijas María Ignacia y María Dolores recibieron al viejo zapatero en el patio de las Casas Reales. Era un día caluroso y las mujeres, luego de una mañana dedicada a visitar la enfermería de pobres, compartían una jarra de agua de tuna a la sombra de un árbol.

—Siéntese, señor Catalino.

—Prefiero permanecer de pie, señora Corregidora.

—Lo mandé llamar para hacerle un nuevo encargo.

—Como siempre, será un honor servirla.

—Mire, Ignacia y Doloritas requieren zapatos para los bailes. Elegantes, pero también resistentes, para el traqueteo de los fandangos.

—Puedo hacerles unos de piel con bordados de oro o de plata... —dijo al tiempo que sacaba de una bolsa de cuero un pequeño cuaderno para anotar el pedido.

—Nomás no me los haga oscuros, recuerde que no estoy de luto —interrumpió María Ignacia.

—¿Qué tipo de tacón necesitan? —preguntó el hombre.

—Bajos, por supuesto —expresó firme Doloritas—. Sólo las mulatas llevan los zapatos muy altos o ¿me equivoco?

—Tiene usted razón, damita —concedió el zapatero con amabilidad—. Una mulata me encargó un tacón tan alto como una vela de procesión.

—No entiendo esa necedad de verse tan altas —comentó María Ignacia—. Luego sucede que al intentar bajarse de los carruajes de sus amas, se les queda un zapato atorado en el estribo.

—Es verdad —comentó doña Josefa—. Sin embargo, van ataviadas espléndidamente. A veces llaman más la atención que esas españolas paliduchas, cara de leche.

—Y usted, señora Josefa..., ¿cómo va a querer su par?

—Escuché que la Nao de China trajo adornos de marfil y de concha nácar.

—También chaquiras y lentejuelas —añadió el zapatero, orgulloso de estar bien informado.

—¿Ah, sí? Pues adorne los míos con esa bisutería.

—¿Los quiere de raso o de tela fina?

—De raso claro, color cielo y de tacón bajo, pero fuerte, resistente. Y ustedes, niñas, ¿qué adornos quieren?

—¡Concha nácar! —exclamó caprichosa Doloritas.

—Para mí, hebillas de plata —solicitó la otra hermana.

—Muy bien. Ya tomé nota. En verdad, señora mía, amo mi oficio y haré que sus zapatos sean como guantes de seda para sus pies.

—Pues me alegro mucho, señor Catalino.

—Ahora sólo falta tomar medidas —indicó el zapatero.

Doña Josefa llamó a una de las nanas de la casa para que midiera el ancho, largo y alto de los pies femeninos. No estaba bien visto que el zapatero tocara las delicadas extremidades.

2.

Entraron abruptamente. Catalino Ríos se encontraba remendando una bota de cordobán. Media docena de soldados venían de parte del Alcalde Ordinario Juan Ochoa.

—Queda usted arrestado por ser parte de una conjura —profirió el comandante.

—¡Jesús mío! ¿De qué se me acusa? Soy un simple zapatero. No hago mal nadie.

—Déjese de habladurías. Tenemos pruebas —lanzó mirando con desprecio las pieles colgadas de los clavos, las herramientas.

—¡No entiendo nada! ¿Cuáles pruebas? Mire, comandante —dijo notablemente nervioso—, la gente suele menospreciar el oficio de zapatero, se nos toma como cosa baja. Pero soy honesto, incapaz de traicionar a mis gobernantes.

—Eso dígaselo al juez. Yo sólo recibo órdenes.

—¡Si viera el sufrimiento que tuve que pasar para llegar a ser maestro artesano! Desde niño me vi forzado a aprender el oficio... durante cuatro años serví en casa de un maestro sufriendo maltratos. Pasé mil pruebas.... ¿Cree usted que a mis años arriesgaría lo poco que tengo por una simple escaramuza?

—Mire, anciano, ya le dije que traigo órdenes de arrestar a los subversivos —explicó con fastidio el comandante mientras lo tomaba por la solapa.

—¡Lo único que pretendo en esta vida es servir a Dios Nuestro Señor y dar de comer a mi humilde familia! —gritó desesperado. Estaba pálido, tenía el estómago revuelto.

—Ya no gaste más saliva. Espías del virrey lo vieron entrar y salir de la casa de los Corregidores. ¿Lo niega? Pues, por si no lo sabe, los señores Domínguez son unos traidores.

—¡Imposible! —protestó alterado—. Los conozco hace tiempo y serían incapaces de tal cosa. El Corregidor es fidelísimo al virrey. La señora Josefa es buena, se desvive por ayudar a los necesitados, es tan católica que no creo que...

—¡No diga estupideces!

—Mire, si me permite explicar mis visitas a las Casas Reales... Hace apenas unas semanas la Corregidora me llamó para encargarme unos zapatos. ¿Hay algo de malo en ello?

—¡Ajá! Acaba de delatarse usted mismo. Su estrecha relación con los subversivos lo convierte en cómplice.

—Pero yo nunca participé en ninguna conspiración... ¡Se lo juro por mi madre santísima!

—Pues no jure en vano, pedazo de imbécil. Fue precisamente usted quien proporcionó a la Corregidora el arma subversiva que...

—¿Cuál arma? ¡Dios me guarde de hacer tal cosa!

—Ese par de tacones con los que doña Josefa golpeó sobre la pared que daba a la vivienda del alcalde de la cárcel...

—¿Desde cuándo es delito golpear con un zapato?

—Desde el momento en que era la señal convenida entre los sediciosos para comunicarse en caso de urgencia.

—¿De qué me está hablando? ¡No creerá usted tal patraña! ¡Lo único que puedo decirle es que soy inocente! —exclamó llorando.

—¿Inocente? Gracias a su nefasto calzado la Corregidora alertó a los insurgentes y el cura de Dolores inició una rebelión contra el Virrey. ¿Le parece poco?

—Comandante, por el amor de Dios...

—No me diga que no lo sabía porque lo parto en cachitos —amenazó desenfundando un sable para rasgar una manga de la casaca del anciano. Acto seguido, ordenó a sus hombres que se lo llevaran al convento del Carmen junto con los demás.

—¡Déjenme! ¡Se los suplico! —clamó mientras intentaba zafarse de los fuertes brazos militares—. ¡Yo jamás participaría en

una sublevación! ¡Venero al rey Fernando VII y a nuestro exce-
lentísimo Virrey! ¡Suéltenme por piedad!

Catalino Ríos fue arrastrado como un fardo entre los cha-
pines, botas, chinelas y alpargatas que había fabricado, cual
guantes de seda, para los nobles y distinguidos pies de los
queretanos.

Olor a almizcle

Javier Sunderland Guerrero

A Memo, mi hermano, quien se ordenó
filipense en la Profesa.

Todas las mañanas, hacia las ocho, un clérigo de hábito negro acostumbraba subir los ochenta y seis escalones del campanario sur de la Profesa, con pretexto de meditar, airearse los pulmones y calmar los humores de su madurez. El paisaje que ofrecía el valle de Anáhuac era magnífico, pero él no estaba interesado en el horizonte. Su mirada se detenía en el segundo balcón del patio interior de la casa contigua, que apenas alcanzaba a vislumbrar por el ángulo demasiado elevado de la torre y los pesados cortinajes que limitaban una escueta franja de luz. A esa hora, usualmente, se repetía un ritual cuya contemplación, de no ser pecado, sería la Gloria: la Güera se vestía. Bastábale que por un instante se asomara no más de una pulgada de su hombro o de la pantorrilla, y el resto del día se le iba en imaginar lo que no había alcanzado a ver del cuerpo reluciente de aceite de almendras o recién espolvoreado con talcos aromáticos traídos en la

Nao sólo para ella. Ese momento fugaz le daba regocijo a toda una jornada.

❧

Setenta luces portaba el candil de Silesia en la sala principal de la casona del marqués de Salvatierra, recubierta de cantera rosa traída de Valladolid. Eran cosa de gran admiración y comentario los saraos que el noble criollo organizaba. Lo más desgranado de la sociedad novohispana ondeaba blasones y sedas en ellos. Dos golpes de bastón anunciaron la presencia más deseada: doña María Ignacia Rodríguez de Velasco y Osorio Barba, y sus distinguidas hijas. Un ¡*ah!*, con matices que pasaban de la admiración a la envidia, envolvió la estancia. Para obviarnos descripciones, atengámonos al dicho del mismísimo barón de Humboldt, noble prusiano francamente viajado, quien aseguraba que en parte alguna del mundo había contemplado hembra más hermosa. No sólo a él turbó la mujer conocida por ilustres y plebeyos como la Güera Rodríguez:

—Dígame coronel Iturbide, ¿qué quiere usted?

—Mi deseo, señora, es simple: ponerme a sus pies como el más humilde vasallo —contestó aquél, zalamero.

—Y ¿qué gano con eso? Cuento con suficiente servidumbre...

—Ninguno con mi determinación —y al clavar la mirada en el océano de sus ojos, el militar apoyó su mano en el respaldo de la silla, logrando rozar con el dorso la nuca indefensa.

—No sea petulante —repuso la mujer, incorporándose con rapidez—; antes bien, guárdese de vanas palabras. ¿Qué puede ofrecer, si hay quien ha vendido su alma por hacerme suya, sin conseguirlo? No jure, Agustín, que no me place escucharle.

—Doña Ignacia, si al infierno hay que ir por cuenta suya, poco me parece, pues he estado ahí.

—Y goza, con seguridad, de derecho de picaporte. Al parecer, usted aprendió del nefasto Calleja sus tácticas sanguinarias, y lo sobrepasó al grado de perder su favor.

—¡Le aseguro que no son más que patrañas! Nunca pudieron probar...

—¿No es cierto que mandó flagelar a un rebelde hasta que los jirones de su espalda cayeron al piso y se le podían ver los huesos? ¿Fue a ese infeliz a quien, además, le hizo firmar un recibo por los azotes? —ante su titubeo, lo remató con ironía—; me encantan los oficiales que se hacen respetar, pero aún más los que gozan de sentido del humor.

Y dejándolo con la palabra en la boca, se volvió hacia su yerno, el conde de Xala y Regla, tomándole del brazo:

—Pedrito, adoro ese minué, sácame a bailar.

❧

La penumbra en la sala de recepción de la casa de ejercicios espirituales olía a silencio, parafina e incienso.

—Su Eminencia debería cuidar a quien deja ver los deseos de su corazón.

—¡Pero señora! —protestó el rector de la Universidad Nacional, canónigo de la Santa Iglesia Metropolitana de México, inquisidor honorario y prepósito del Oratorio de San Felipe Neri con sede en la Profesa, don Matías de Monteagudo, con fingido asombro, al pensar que había sido descubierto, arrobado ante la clara franja de piel que asomaba entre falda y botines de su invitada—. No pensará usted que yo...

—Calma. Me refiero a sus ideas sobre las terribles consecuencias que la jura de la Constitución de Cádiz engendraría para las personas de nuestra circunstancia.

—Pero, ¿cómo se ha enterado usted? ¿Quién más lo sabe?

—Eso no importa, señor prepósito. De poco sirven principios, posición y títulos, ni la buena sangre criolla, incluso la riqueza, si esos talentos se mantienen ocultos. Su conjura no tendrá mejor fortuna que la del cura Hidalgo, si no considera dos ingredientes adicionales...

Una monja trajo una charola con chocolate caliente y confituras. El prelado la despidió ansioso, agitando su mano como si espantara un enorme escarabajo. La anciana puso el servicio en una mesita y se retiró con pasos menudos. La Güera se levantó de su poltrona y le sirvió una tasa humeante, inclinándose frente a él, de forma que, por un segundo, el religioso pudo atisbar la divina profundidad de su escote, que valió como si le fuese revelado descifrar el misterio de la Trinidad. Monteagudo sacó de su manga un pañuelo de seda bordada y cortó el paso a dos gruesas gotas de sudor que se apresuraban por su sien.

—Gracias hija, ¿me decía?

—Necesitamos, perdón su Eminencia, necesita *usted* contar con el respaldo del virrey y el apoyo de los militares.

—Creo que se equivoca, señora. Habrá confundido el propósito de nuestros ejercicios espirituales...

—¿Gusta otra empanadita de calabaza, don Matías? —Con la mano izquierda desplegó decidida su abanico de carey, y agitó el aire dirigiéndolo a su pecho, mientras erguía su cuello perfumado. El prelado deseó ser ese hálito fresco que rozaba la piel blanquísima de Ignacia, haciéndola estremecer. Apretó los párpados, mientras musitaba una jaculatoria por lo bajo.

—Si fuera así —continuó ella sin esperar respuesta—, ruego a usía me perdone y medite mi humilde parecer: el virrey Apodaca debiera percatarse de las bondades de separar estas tierras americanas de la Corona de España.

—Verá, doña Ignacia, que aunque él compartiera nuestro sentir, le sería vedado expresarlo.

—Por ello tenemos que atraer su simpatía, o al menos, procurar que no objete nuestros avances.

—¿Cómo habríamos de lograrlo?

—Déjelo en mis manos, mi querido señor prepósito.

— ¿Y los militares?...

—No me lo va a creer, pero le tengo al candidato ideal. Un oficial metido en líos recientemente, que le debe un favor gordo a nuestro amigo, el oidor Bataller.

※

Juan José Ruiz de Apodaca y Eliza Gastón de Iriarte López de Letona y Lasquetti, conde del Venadito, sexagésimo primer Virrey de Nueva España, leía y volvía a leer la carta sin dar crédito a su incendiario contenido. Desordenaba sus papeles en busca de alguna misiva anterior, escrita de puño y letra de Su Majestad, el Deseado, para comprobar su autenticidad. No encontró una sola. ¿Sabría escribir ese remedo de soberano? Entonces, lo recordó: la Güera le había contado hacía poco que el propio don Fernando había tenido la delicadeza de prodigarle unas líneas, con motivo del fallecimiento de su esposo.

La mandó llamar con urgencia, asegurándose de que llevara el precioso documento consigo. Lo desplegó sobre su escritorio y comparó la letra: los mismos trazos indecisos, la inclinación y la casi nula presión que ejercía sobre el pergamino. No tenía duda: la carta era efectivamente del propio rey. En ella, le solicitaba nada menos que facilitar la independencia de Nueva España, para luego trasladar su trono a la nación recién fundada.

Por esas fechas, el prepósito Monteagudo le había sugerido nombrar al coronel Agustín de Iturbide y Arámburu comandante de los ejércitos del sur. Apodaca ya había escuchado ese nombre, precisamente de la apetecible boca de doña Ignacia Rodríguez de Velasco. Cuando le llevó la famosa carta, la mujer aprovechó para pedirle, como una criatura a su padre un capricho, jalándole la manga, ayuda para su amigo en turno: Iturbide. El virrey no había cesado de ponderar desde entonces cómo venderle caro el favor sin perder estatura: al menos, ello ameritaba aventurarse por debajo de su enagua, alcanzar su frondosa espesura rubia, llenarse los dedos de sus mieles y no volverse a lavar la mano jamás.

Las dudas le atragantaban el caldo: el militar postulado tenía una fama podrida, a pesar de sus victorias. Pero ahora, con la recomendación de Monteagudo, se le juntaban el hambre con las ganas de comer: prometió al clérigo otorgar el puesto a Iturbide, a cambio de discreción y tres días para notificarle en debida forma. Cuando el Venadito volvió a solicitar la presencia de doña Ignacia, ésta se disculpó haciéndole saber que una repentina dolencia la tendría postrada, al menos una semana, sino es que dos.

∾

—Bataller me ha confiado que el virrey habrá de otorgarme un cargo relevante. Espero que eso mueva más su voluntad y sus favores hacia mi persona —el militar avanzó hacia ella, con la decisión de una carga de caballería.

—Cuídese de lo que busca, general —la mujer lo detuvo con su abanico cerrado, apuntándoselo al rostro—, que se lo podría topar. Le impongo un reto si es capaz de cumplirlo: cuando tenga a Nueva España bajo su control, seré suya.

—¡Menuda cosa! Tal vez debería considerar un adelanto. Sépase que no tolero que se contraríe mi voluntad... —insistió él, y haciendo a un lado el obstáculo, acorraló a la Güera contra la pared.

—¿Usted cree que me amedrenta? Estoy al tanto de que ha salido bueno para doblegar caballos y mujeres: en Irapuato mandó fusilar a la rebelde Tomasa Esteves, bajo el patético cargo de ser hermosa y seducir a las tropas. A cambio, espero que usted haya tenido la cortesía de averiguar que yo no tuve empacho en mandar preso a mi propio esposo, cuando amenazó matarme, y de quien, si no se me concedió el divorcio, fue porque murió primero. ¿Cuántos conoce que hayan sido citados por el mismísimo Santo Oficio y que, como yo, hayan salido incólumes? Pasaré por alto sus bravatas y cumpliré mi dicho: hágase usted de Nueva España y tendrá lo que desea.

Iturbide se apartó, hizo una inclinación con la cabeza y salió, rascándose la patilla, para ponerse al frente de las fuerzas realistas.

En su entrada triunfal a la Ciudad de México, la columna del invicto Ejército Trigarante se desvió para pasar frente al balcón de la casa morada en la esquina de las calles de San José del

Real y Plateros, frente a la Profesa. El apuesto libertador desprendió una pluma de su sombrero y mandó, con un ordenanza, a entregársela a la señora. En pago, la Güera jugueteó con ella, pasándosela con picardía por el rostro, bajando despacio por su cuello hasta el generoso escote, donde la terminó escondiendo, en espera de que su dueño fuese más tarde a reclamarla.

El Acta de Independencia del Imperio Mexicano se promulgó al día siguiente, 28 de septiembre de 1821. En ella no aparece, como debiera, la rúbrica de María Ignacia Javiera Rafaela Agustina Feliciana Rodríguez de Velasco y Osorio Barba Jiménez Bello de Pereyra Hernández de Córdoba Salas Solano Garfias. No obstante, se puede percibir que estuvo presente en la ceremonia de la firma, debido al pulso trémulo de los trazos. Además, si te acercas a oler el pergamino, entre toques de almizcle, azalea y pachuli, aún puede percibirse *su* aroma. Algunos de los suscriptores no volvieron a lavarse la mano jamás.

Palabra de Leona

Bertha Balestra

—¿Recibiste carta? —pregunta la señora a su sobrina, en cuanto la joven cruza la puerta de su hogar, situado en los altos de la casona dedicada hasta hace poco a la formación de inquisidores.

María Luisa Vicario no emite palabra, pero baja la mirada y niega con la cabeza.

—¡Qué infeliz! —exclama doña Leona.

—Con tantos problemas y hasta allá, quizás es imposible o...—, balbucea la visitante.

—¡No lo defiendas!, el que quiere, puede, así tenga al mundo entero en contra: yo doy fe —sentencia la tía interrumpiendo la pobre argumentación de la joven a favor de su amado Antonio.

—Ojalá todos los hombres fueran como mi tío Andrés, tan enamorado que aún dedica cartas y poemas —desea María Luisa en voz alta. Admira con verdadera devoción a su tía Leona: es la mujer más inteligente y valerosa que conoce; capaz de mantener a su marido, el célebre jurisconsulto, rendido a sus pies. Quizás por ese deseo de parecerse a ella se ha enamorado del general Santa Anna, el inquilino y amigo de sus tíos, ahora levantado en armas contra el emperador y atrincherado allá, en su natal Jalapa. O tal vez por las chispas de deseo que al militar le salen de los ojos color charco; por lo atrevido de sus manos que encuentran siempre un botón fácil de abrir o por sus promesas de aventura eterna.

—Para el amor, como para la libertad, la palabra es el mejor alimento —asegura la dama mientras sorbe con cuidado la espuma del chocolate que la sirvienta le acerca—. Sin ella, no habríamos atraído a tantos al movimiento independiente y yo no hubiese arriesgado todo por Andrés, que me conquistó con sus frases, expresiones de su genuina pasión.

—Bueno, también las acciones cuentan tía... y la suerte... ¿Cómo habrías conseguido escapar del convento de Belén de las Mochas si no? La mujer de Andrés Quintana Roo sonrió al recordar aquella fuga.

El sereno anunció las siete de la noche. Un aguacero primaveral había mojado apenas las calles, haciendo elevarse vapores fétidos hasta la ventanilla rectangular de la celda en donde Leona permanecía encerrada desde dos meses atrás, cuando sus actividades en contra del virrey Venegas fueron descubiertas y su tío Pomposo, enfurecido, fue a sacarla de su casa de Tacuba, convertida en sede de la conspiración.

—¿Qué clase de padre adoptivo es usted, tío, que delata mi paradero y me entrega a mis enemigos? ¿El monstruo insensible que me negó la gloria de convertirme en la señora de Quintana Roo?

—No hago más que protegerte, a ti y a tu herencia que insistes en dilapidar, enloquecida por tus pasiones... ¡Maldigo el día en que abrí la puerta de mi casa a ese abogaducho que te envenenó la cabeza! —respondió el tutor de Leona Vicario.

—No culpe a Andrés de nada; estaría del lado de la libertad aunque él no existiera —aseguró la joven, mientras una furia felina hacía resplandecer sus ojos, esos ojos que asomaban con dificultad por la angosta ranura, en espera de la señal de sus compañeros.

Por fin, después de una tarde lluviosa que le pareció eterna, la prisionera percibió el sonido de los cascos de una mula y el acento de su primo Manuel, que reconocía a pesar de su disfraz de vendedor de pulque y su cara tiznada para ocultar la piel blanca. Cinco golpes de aldaba comprobaron la identidad de su salvador.

El portero abrió la ventanilla para pedir discreción: las monjas lo matarían si supiesen que no era capaz de prescindir de aquella bebida.

—¡Menos ruido, ya voy! —ordenó con voz sorda, mientras entreabría el portón para intercambiar jarras: la de la víspera, de donde colgaba una bolsa con dos monedas, por otra, rebosante del jugo fermentado.

Manuel se apresuró a introducir un garrote para mantener la puerta abierta.

—El amo le ha enviado un barril completo, como obsequio por ser uno de sus mejores clientes —dijo el falso pulquero, fingiendo el inconfundible acento de los mulatos.

El bebedor cayó en la trampa.

—¡Hombre, qué amable! —y dio paso a la mula con todo y la preciada carga.

El espacio bastó para que Manuel ingresara al recinto, tumbara al portero de un garrotazo en la nuca e hiciera salir del barril a Juan, disfrazado de monja, para que ingresara al edificio a sacar a Leona. Ella estaba preparada: se había pintado de negro cara, manos y pies descalzos, atado a la cabeza una pañoleta a la manera de las mujeres de color y dirigía sus pasos sigilosos hacia el patio. Mientras los tres se reunían, Manuel se encargó de bañar al portero con suficiente pulque para que no se atreviera a dar la alarma sin delatarse y, en señal de buena voluntad, le dejó una jarra llena al lado; así, podría consolarse, ahogar el remordimiento y olvidar el mal rato.

La pareja de negros, llevando a lomo de mula la imprenta que permitía al grupo de Los Guadalupes multiplicar sus ideas y comunicados por medio de la palabra, escrita en *El Ilustrador Nacional*, salió de la Ciudad de México esa noche para seguir los pasos de don Andrés Quintana Roo, quien esperaba con ansia a su adorada Leona. Juntos siguieron a José María Morelos hasta que los realistas lo capturaron en Chilpancingo. Andrés y Leona, ya embarazada, lograron huir y se dirigieron a Tlalpujahua para unirse al regimiento que debería continuar la insurgencia. Allá, en el interior de una antigua mina, dio a luz a su hija Genoveva. Sólo en ese momento, tuvo por un instante una duda pasajera sobre la validez de la aventura que había emprendido, a la que arrastraba a esa criatura inocente que estaba por nacer; pensamiento que se disipó en cuanto Andrés tomó su mano. Unos minutos antes, para evitar que su futura ahijada naciese fuera de matrimonio, el comandante López Rayón los declaró legalmente unidos, bajo las leyes del amor y de la guerra.

—Tienes razón. Primero, la voluntad y la certeza de lo que se persigue; luego, su instrumento: la palabra. Pero no descartaré la suerte; tampoco el oro. Invertí buena parte de mi herencia en adquirir armas, papel, alimentos para la tropa, en comprar complicidades y silencios.

—¡Valió la pena, tía! Quisiera irme a Jalapa, a seguir a Antonio, como tú... ¿me ayudarás?

Leona guarda silencio unos instantes; teme el efecto de sus palabras.

—Luisita, quisiera hacerlo... lo haría a pesar de los peligros que correrías, pero...

—¿Qué, tía? —se desesperó la joven.

—No creo que Antonio desee verte llegar allá; tu corazón eligió a un hombre inconstante, de seductoras palabras que no tienen raíz en sus sentimientos. Me han dicho que él... no está solo.

Adulterio

Erma Cárdenas

Se encontraron por casualidad en la iglesia, entre cirios e incienso. A contraluz, el amanecer dibujaba el perfil que la mantilla española escondía... hasta que la mujer se volvió hacia el general Miguel Miramón.

El militar la deseó desde aquel momento, porque la desconocida tenía los mismos ojazos negros que su esposa. Esos labios, igual de sedientos, se abrirían al recibir el primer beso y la piel, tan tersa, tan blanca, temblaría bajo sus manos.

Concha Lombardo, a quien le impedían estar en Querétaro, al lado del marido, competía contra una rival fogosa y bella: acaso su propio retrato diez años más joven. Miramón, por el contrario, se enfrentaba a un antiguo colega, acribillado en el campo de batalla. El difunto había dejado a una viuda inconsolable; mas ahora, ante la presencia de Miramón, ella olvidaba todo: hasta la lápida que ya no cubriría de rosas.

Ninguno opuso resistencia. Se entregaron tras intercambiar una mirada, pues los ojos siempre hablan con mayor urgencia que el corazón.

A resguardo, en la casa todavía adornada con un crespón negro, el general descargaba sus pesares. Para vengar la muerte de sus compañeros, la cubría de besos. Ante las arcas vacías, que impedían el pago de la tropa, acariciaba el cuerpo yacente y dócil. Y, mientras el cólera diezmaba a la población civil, la poseyó una y otra vez sellando el adulterio.

Días después de la toma de Querétaro, la esposa se presentó para ocupar el sitio que le pertenecía. Cada mañana visitaba la cárcel, último albergue de los derrotados. Llevaba viandas y consuelo, junto con un valor a toda prueba. Su rival se quedaba en casa, repitiéndose sin descanso que, en aquella celda estrecha, el matrimonio nunca estaría a solas. Habría guardias, de manera que los labios jamás se unieran y únicamente los ojos hablaran. Como ella y Miguel, en el templo, cuando se conocieron.

Juárez condenó a Maximiliano, Miramón y Mejía. Bien dijo una gitana que la M de México, acarrearía la muerte del Habsburgo.

Ninguna mujer acompañó al general más valiente del Imperio al suplicio: la adúltera, porque él la había abandonado para enfrentarse a la eternidad sin remordimientos; la esposa, porque estaba hincada ante don Benito, suplicando clemencia.

Al regresar de San Luis, Concha Lombardo era distinta. Aunque seguía en pie, había muerto al mismo tiempo que fusilaban a Miramón. Loca de dolor, recibió el cadáver y lo bañó en lágrimas. "Al menos pudo estrecharlo", se dijo la adúltera, también loca, pero no de dolor... de celos. La consoló un hecho: ahora las dos eran viudas; habían perdido lo que más amaban.

Varias chismosas enteraron a Concha del engaño. Ahí, en medio de la calle, preguntaron:

—¿Por qué llora al general, señora? Mientras esta ciudad se desmoronaba, pedazo a pedazo, su marido la traicionó —y, solícitas, dieron las señas para que lo comprobara.

En otra ocasión, una Lombardo hubiera guardado la compostura. No hoy cuando lo único que poseía era su pasado, recuerdo de un amor que creyó inviolable.

Caminó hasta la casa del crespón negro. ¿Por quién guardaba luto esa infeliz? ¿Por Miramón o por el difunto? Imposible saberlo. Bajo tierra, estos dos hombres se habían vuelto indistinguibles. Militares, héroes, leales a sus principios, cayeron defendiendo al Imperio. Entonces, al llorar, ¿no se lloraba a uno solo?

Tocó a la puerta. Se reconocieron, sin haberse visto. La adúltera hizo una leve reverencia. No como signo de humillación, por esmerada cortesía.

—¿Es verdad? —indagó la esposa.

Ante tal pregunta, la infiel comprendió que la tenía a su merced. Con una palabra, la destruiría y quedaría más sola, más desamparada que ella misma. A punto de herir en lo hondo, en lo irreparable, detuvo la respuesta. Las dos vestían de negro; el sufrimiento les acababa la vida. Debía odiar a Concha. No obstante, agradecía que, por ese parecido, Miramón hubiera sido suyo. Aun a medias, aun pensando en la esposa, lo tuvo entre sus brazos.

—No, señora —contestó—. No crea en murmuraciones.

—Pero, ¿vino aquí?

—A hablar de usted.

—¿De mí?

—¿Con quién quería que lo hiciera? ¿Con Maximiliano o sus soldados? Sólo una mujer comprende ciertas cosas.

La suspicacia la carcomía. Deseaba creerle a esa extraña, con fe ciega, para cumplir la última petición de Miguel: "Lava mi honra del insulto que la mancha: el título de traidor". Mas, si el amor que le juró se reducía a un engaño, no abrazaría aquella causa. La afrenta a los votos hechos ante un sacerdote, a los ocho años compartidos, a las promesas que se susurran al alcanzar el éxtasis, merecían ese título: traidor. Por un instante titubeó. Necesitaba una prueba de su inocencia antes de abrazar la tarea encomendada.

—Cuando mi marido estaba aquí..., ¿cómo me llamaba?

—Concha —respondió la adúltera sin titubeos—. Concha, mi alma.

Era cierto. A veces, únicamente a veces, su nombre equivalía al alma misma del general Miramón. Dio media vuelta y, secándose las lágrimas, pidió perdón por sus dudas: otra manera de traicionar.

Su rival todavía permaneció unos minutos en la puerta. "Nunca sabrá que compartimos un nombre. Yo también me llamo Concepción y, a veces, únicamente a veces, poseía el alma de mi amante".

Lo que la mujer quiere, Dios lo quiere

Adriana Abdó

La primera vez que lo vi, yo tenía quince años. Nunca olvidaré ese día, fue el siete de junio de 1863. La ciudad era un jolgorio. Mis padres, mis hermanos y yo, observábamos la entrada del victorioso ejército francés a la capital. A la cabeza de la vanguardia, orgulloso cabalgaba François Achille Bazaine. Me deslumbró su presencia. Lo pienso ahora y no sé por qué. El hombre en cuestión era rechoncho, de estatura mediana, cuello de toro, cara de luna y a la sazón tenía cincuenta y dos años.

Sin importar que mi familia, De la Peña y Barragán, fuesen conocidos ultraliberales, la noticia de la llegada del archiduque Maximiliano de Austria me emocionó.

Bajo un manto rojo de púrpura y escoltado por su guardia palatina, el emperador Maximiliano I de México y la emperatriz Carlota entraron a la ciudad. El despliegue era increíblemente hermoso. Puedo asegurar que habría fascinado incluso al mismísimo Juárez. Mi amiga Clotilde Esther, y su padre, don Anacleto Fuensanta y Mozas conservador recalcitrante, me invitaron a los balcones de las calles de Plateros, que fueron alquilados por quinientos pesos para presenciar ese instante. Bien valía la pena gastarse el dinero; nunca antes habíamos visto personas tan bellas y elegantes. Encontré a Achille en el séquito. Ya era Mariscal de Francia. Saqué mi pañuelo blanco y lo agité con fuerza para llamar la atención. Nada deseaba más que alguien del cortejo me saludara. A punto de levantarme y gritar, mi amiga adivino mis intenciones, jaló de mi faldón y me pellizco el brazo; no tuve más remedio que entrar en cordura.

Su majestad la emperatriz invitó a mi familia al baile de mayo. Me sentía emocionadísima. Pensé con detenimiento qué vestido usar y cómo adornar mi cabello. Finalmente, satisfecha, salí de mis habitaciones no sin antes jurar que esa noche sería inolvidable.

Entramos al castillo de Chapultepec. Cerré los ojos para imaginarme del brazo de un príncipe que se convertiría en rey.

—Pepa, te vas a tropezar. ¡Abre los ojos!

El salón, decorado espléndidamente, no podía compararse con nada que hubiese visto. Todo era exquisito, el piso, el techo, las telas que lo adornaban. Se destacaba la gente que llegó con los emperadores, su forma de vestir y de moverse era especial. Mi padre me tomó del brazo, fuimos a la balaustrada. La capital parecía una ciudad de marfil, la laguna de Texcoco brillaba al fondo. Aspiré un ligero aroma a flores que provenía de los jardines de Iztapalapa.

—Quien ha visto a México desde Chapultepec, ha visto el paraíso desde un balcón —pronunció a mis espaldas una voz de hombre con ligero acento francés.

—*Mademoiselle, monsieur, excusez moi s'il vous plaìt. Je suis Achille Bazaine.*

Yo quedé boquiabierta. El mariscal Bazaine en persona se dirigió a nosotros. Platicó unos minutos con mi padre y, a la aparición de la emperatriz, se retiró.

—¡Por Dios santo! Pepita, hija mía, cierra la boca...

La orquesta empezó a tocar, el mariscal me ofreció su mano. Bailamos dos cuadrillas, "La habanera" y "Los lanceros"; suficientes para que Achille ardiera de amor por mí.

En junio de 1865, yo, doña Josefa de la Peña y Barragán, a los diecisiete años me convertí en Pepita Bazaine, la Mariscala. Nos casamos en el palacio imperial, siendo los padrinos el emperador y la emperatriz, acompañados de multitud de chambelanes y otros nobles, con toda la pompa, ceremonias y etiqueta que eran del gusto del Habsburgo. Nuestros padrinos nos ofrecieron habitar el palacio de Buenavista, en San Cosme.

A partir de esa fecha gloriosa, dedicamos nuestros días a amarnos de todas las formas posibles. No me avergüenza confesarlo. Es verdad que la primera vez fue Achille quien me llevó a la gloria, pero yo, al alcanzarla, aprendí las delicias de quedarme a vivir ahí sin desperdiciar un instante.

¡Ah!, ¡qué días aquellos!

Ignoré las agitaciones que ocurrían a mi alrededor y continué con mi vida llena de bienaventuranzas, de madrugadas tibias en brazos del mariscal, de elogios sin fin.

Los meses pasaron. Nuestro primer hijo nació; Achille no podía ser más feliz.

En mal momento, Napoleón III ordenó a mi marido embarcar a la Legión Extranjera, yo estaba embarazada de mi segundo hijo. ¡Qué ocurrencia!

Además, mi orgullo se dolió al dejar mi patria como una traidora. Para los liberales, me iba con el enemigo. Para los conservadores imperialistas, me iba con el desertor. Cuando se cae en desgracia, nadie queda contento. En Veracruz, nos embarcamos en un coloso de nueve pisos llamado *Le Souverain*. Achille, intranquilo por el parto que se acercaba, no abandonó un instante nuestro camarote. Yo, tranquila, esperaba, comía buñuelos y escuchaba sus pasos alrededor de nuestra cama. Su angustia llegó a exasperarme. Le ordené salir de ahí y grité que, a mis ojos, el hecho de parir en altamar, me convertía en heroína de novela y eso me gustaba.

En efecto, parí en *Le Souverain*, durante una tormenta que duró dos días con sus noches.

Como mariscal de Francia, Achille tomó su asiento en el Senado. Yo, como madame Bazaine, lo tomé en mi casa. Uno se acostumbra a todo... Aunque el primer invierno resultó aterrorizante, París empezó a gustarme; sobre todo por su comida.

Francia seguía en guerra con Prusia y Achille era comandante en jefe del ejército del Rhin.

```
Pepita, amada esposa,
llevamos setenta y cinco días en Metz. La
lucha fue cruenta. Mi ejército ha disminuido
a menos de la mitad. No tenemos caballos
pues los soldados, hambrientos, enfermos
y desmoralizados, se los han comido. Un
motín amenaza. No quiero sacrificar a estos
valientes.
    Me mantiene en pie el recuerdo de tu mirada,
tu piel y tus palabras.
                                    Tuyo.
```

La guerra se perdió. Hasta un párvulo lo habría adivinado. Por supuesto, Achille no tuvo más remedio que rendirse en Metz. Con eso, se ofreció como chivo expiatorio y en charola de plata a Napoleón III y sus compinches. La sentencia fue pena de muerte por haber faltado a sus deberes para con Francia y el ejército. De inmediato, se le concedió clemencia, y en lugar de matarlo, ¡lo enviaron veinte años a la fortaleza de la isla de Santa Margarita! ¡Qué magnanimidad para un hombre de sesenta y dos años! De mi vientre salió un aullido de coraje y de dolor que asustó a los presentes; más les valía. Maldije a sus verdugos, uno a uno. Hubo quien bajó la cabeza, quien me ignoró, pero, al que rió con descaro, no tuve más remedio que escupirle a los pies.

Juré por el cielo mexicano, de color zafiro y perfecta limpidez, que mi amado esposo no se quedaría encerrado en esa mísera isla perdida del mediterráneo.

Juré, en voz alta y en español, que Achille saldría vivo de ahí y que yo misma lo rescataría.

¡Ce qu'une femme veut Dieu le veut!

Escribí, minuciosamente, las instrucciones para la fuga y las entregué a Achille. El lugar que escogí para la evasión fue la plataforma de la fortaleza que descansaba sobre un alto peñasco que daba al mar. A un costado, sobresalía un canal en desuso; con una varilla de hierro, debería cavar, suficientemente profundo, hasta llegar a la parte interna y por ahí introducir los cordeles anudados que yo filtraría en la prisión. Con distintos materiales y la ayuda de un guardia fiel al mariscal, fabricamos un cinturón de gimnasta y un gancho de metal para hacer posible el descenso por el cordel. Completada esa primera parte, le pedí a Achille que todos los días, alrededor de las siete de la noche, permaneciera atento mirando el mar por si distinguía una pequeña barca de pescadores. Una seña mía y sabría que todo estaría listo para la evasión. Llegó el día y los planes salieron como acordamos. Mi amado esposo comenzó el descenso;

más de veintitrés metros para alcanzar el mar. Los segundos se convirtieron en horas, los minutos en eternidad. Ahí estaba mi héroe, pendiendo de unos cordeles muy finos, arriesgando la vida por amor y libertad. ¡Cuánto lo admiré! ¡Cuánta falta me hizo! Me percaté que trató, varias veces, de descansar en alguna piedra del risco, pero siempre resbalaba. Sus manos, con seguridad, debían estar sangrando. No pudo más y se aventó al agua. Lanzamos una cuerda desde la barca y, segundos después, lo subimos. ¡Pude rescatarlo!

Nos abrazamos con fuerza. La luz del quinqué le alumbró el rostro. Lo observé de cerca y, por vez primera, caí en cuenta de que Achille era demasiado viejo para mí.

Se me acabó la gracia

Bertha Balestra

"¡Pobre Juárez!", musitó Margarita cuando oyó los tres discretos golpes en la aldaba, con los que el Presidente de la República pedía al portero franquearle la entrada de servicio. Nadie conocía al abogado como esa mujer menuda a quien había desposado siendo una niña, casi treinta años atrás. "Sé a dónde vas a desahogar el cuerpo, Benito, con la esperanza de dejar entre las piernas de una mujerzuela la pesadumbre y los problemas que aquejan tu espíritu." Los inevitables celos aceleraron los latidos de su corazón; el bombeo incrementó la hemorragia. "Lo siento, Beno, la vida se me sale por donde antes entraron las semillas de nuestros hijos, de ese puñado de retoños que se quedarán solo contigo."

Oyó los pasos de su marido, cada vez más cercanos; temió que tuviese la desfachatez de ir a tenderse a su lado, todavía con aroma de burdel. El recién llegado entreabrió la puerta y acercó el oído, tratando de percibir el ritmo de la respiración de la enferma, cerciorarse de que dormía. Margarita le dio gusto: fingió inhalaciones profundas, exhalaciones largas. "Siempre te he dado gusto, viejo, he hecho lo que esperabas de mí en cada momento de la historia que está por concluir." Benito volvió a cerrar la puerta, suavemente; sus pasos se alejaron.

La esposa aguardó hasta que los ronquidos del presidente traspasaron el muro que separaba las dos habitaciones de la casa de descanso de la familia Juárez, en San Cosme. Prefería habitar ahí que en el elegante castillo de Chapultepec, donde siempre se sentía incómoda, ajena. Odiaba los mármoles traídos de Europa para Carlota y Maximiliano, los pretensiosos jardines. La entristecía esa atmósfera artificial; le dolía comprobar que a su esposo, paladín de la austeridad, le resultara tan natural adueñarse de la lujosa mansión. Cuando supo que la muerte la rondaba, se trasladó a San Cosme. Incapaz de disuadirla, de convencerla de la frescura del aire de Chapultepec, Benito la siguió a regañadientes. Al primer mandatario le hacía falta un espacio más amplio, donde el aliento denso de la fatalidad se dispersara.

Esa noche, después de la cena, había salido sin dar explicaciones. Los ronquidos continuaron. Margarita se levantó para cambiar la toalla, empapada en la sangre oscura que ya no contenía su matriz. Apenas tuvo fuerza para volver a la cama. "Falta poco, me debilito por momentos." Se hundía en el lecho.

La techumbre giraba sobre su cabeza, poblada de imágenes, recuerdos que aparecían, vívidos, para desintegrarse instantes después. Se vio con las trenzas rubias atadas sobre la cabeza con cordones de lana roja, iguales a los de la muñeca que colgaba de su mano; entraba en la cocina de Oaxaca en busca de un pedazo de piloncillo y se topó allí con un joven morenísimo, como de chocolate, con la cara más seria que había visto en su corta vida. "Es mi hermano Benito, estudia para ser cura", le dijo Josefa, la cocinera. Él hizo una mueca que intentó ser sonrisa y ella sólo pudo ver que tenía una cicatriz muy fea en el labio superior, una abertura que al sonreír se hacía más grande y dejaba al descubierto parte de la dentadura. "¡Qué blanquita!", alcanzó a oírlo exclamar cuando el muchacho creyó que ella ya estaba en el patio.

"Siempre te fascinó mi piel blanca, Beno: ponías tu mano junto a la mía cuando éramos novios; tu pierna al lado de la mía después de poseerme, en los primeros años de nuestro matrimonio. Lamentaste que nuestros hijos salieran morenos como tú. Todos menos Toñito, tu consentido, que se nos fue en la tierra de los blancos sin que pudieras darle el último adiós. ¿Te alcanzará el tiempo para blanquear este país, como solías decir antes de que los franceses demostraran que ser blanco es bien distinto de ser decente? Tuvo que venir el emperador rubio con su ejército de patanes franceses para que te quitaras de la cabeza y de la lengua esa tontera. 'Nada tiene que ver lo indio con lo pelado', yo te decía. Por eso me gustaste desde que era niña, Benito: por decente, por trabajador y esforzado. En cambio, en mí, nada más viste lo blanca... y que te hacía reír... aunque a veces me costaba trabajo."

Los recuerdos dibujaron un esbozo de sonrisa en el rostro pálido. "¿Cómo habré logrado divertirte cuando estabas lejos, cuando debía sacar fuerza quién sabe de dónde para hacer de madre y padre al mismo tiempo? ¿Cómo, todas las veces que te supe en peligro de muerte, con los enemigos pisándote los talones? 'Eres ocurrente —aseguras—, le pones gracia hasta a la tragedia.' Te reíste cuando te platiqué de aquel día, en Etla, cuando se le desató la locura a Lino, el empleado en quien yo tanto confiaba. Allá me partía en mil para atender a los niños, tejer las carpetas y chales que vendía en la tienda y poder así mandarte unas monedas a Nueva Orleans. Le dio al pobre muchacho por encuerarse y perseguirme dizque para hacer que no te extrañara... ¡qué susto me dio! ¿Y tú, Benito, qué hacías para no extrañarme? Seguro allá encontraste la piel blanca de alguna estadounidense para consolarte."

Los párpados de Margarita se entreabrieron. En los ojos hundidos se encendió una reminiscencia del brillo que los caracterizara años atrás.

"Me acuerdo también cuánto gozaste el relato de nuestro viaje por la sierra, para alcanzarte en Veracruz. Te escurrían lágrimas de tanto reír cuando te conté del precipicio donde mi crinolina me salvó la vida, pues de ella quedé colgada, como canasta, en la rama de un árbol seco, sin atreverme ni a gritar. Pero valió la pena Beno: esos meses en el puerto, con todo y su clima malo, a pesar de Miramón diciéndose presidente de México, fueron los mejores de todos los tiempos. ¡Y qué broche de oro nuestra entrada a la capital! Creímos que era el final de la lucha, Juárez, no imaginamos que faltaba la peor parte."

Como si quisiera borrar la etapa más dolorosa de su vida, la mujer pasó una mano por su cara y la depositó en el pecho. Los latidos de su corazón perdieron el ritmo: se aceleraron, se detuvieron un instante; se reanudaron, descompasados. Sus pensamientos perdieron nitidez. Las imágenes adquirieron volumen, tomaron forma de fantasmas cuyos hilos manejaba el delirio.

"San Luis... Saltillo... Monterrey... mis niños... Pepito... Nueva York... Washington... ¿vendrá mi esposo?... no quiero enterrarlo sin él... Toñito era su orgullo, su consentido... ¿Nos está castigando Dios? No, Benito, no creas que yo me estoy paseando en Washington; no estrené ningún vestido, no tengo alhajas, sólo las que tú me diste, ésas llevé a la Casa Blanca... Me cuelgo del brazo de Santacilia, nuestro yerno, para no caer. Debemos seguir el pequeño ataúd. Me deslumbra su blancura, hace que duelan más los ojos que no han parado de llorar. Y tú, Benito, ¿te consuelan los bailes en Chihuahua, donde las norteñas altas y desparpajadas te enseñan a bailar al son de la redova? Te escribí tantas cartas suplicando que fueras a reunirte conmigo:

Mi estimado Juárez: ...lo único que me daría la vida es que tú vengas con nosotros... 'Eso quisiera —respondías—, pero no puedo abandonar el país, ni hacerte venir, es muy peligroso'."

"Perdí allá la cuenta del tiempo. ¿Pasaron horas o años entre la muerte de mis niños? ¿Tardaste meses o un siglo en llamarme de nuevo a tu lado, en la capital? ¿Ganaste la guerra? No mates a Maximiliano, déjalo ir... su mujer está loca, loca, pobrecita..."

En sueños, el hombre oyó la voz de su esposa. Lo llamaba, apremiante. Corrió a su lado. "Es la inquietud que precede a la muerte", se dijo. Tomó un paño húmedo y lo puso sobre su frente. "Sosiégate, Margarita, aquí estoy", musitó suavemente. Ella se tranquilizó de inmediato; intentó abrir los ojos. "¿Eres tú, Beno?" "Sí, no temas, no te dejaré." "¿Fuiste a buscar mujeres blancas, ahora que yo he dejado de servirte?" "Nunca has dejado de ser útil —contestó el marido—. Has sido una compañera perfecta, madre y esposa intachable", agregó Benito, con la voz entrecortada. "¿Entonces... no fuiste?", insistió la enferma. El presidente no respondió. Tomó las manos de su mujer entre las suyas y se sorprendió de su palidez.

"Ya no soy capaz de hacerte reír, se me terminó la gracia. Me dobló la muerte de mis niños... desde entonces, ya no levanté cabeza más que a ratos, para no fallarte a ti ni a las niñas, a nuestro Benito y a la República."

De nuevo, los párpados de la moribunda se cerraron.

"Debí ser mejor marido, Margarita, perdóname —solicitó Juárez—. Quédate aquí, prometo retirarme para disfrutar juntos algunos años."

Ella trató de poner buena cara, agradecida por esa promesa que no necesitaría romperse. Por última vez, logró abrir los ojos para mirar con ternura a su marido. "Pobre viejo —predijo—, no me sobrevivirás por mucho tiempo."

Epístola

Adriana Abdó

amás entendí por qué mi amado hermano, Melchor Ocampo, tenía fuertes arrebatos.

Pero es de humanos y lo de humanos, es de hombres.

Por ejemplo, una vez, sin más ni más, huyó de la hacienda de Pateo, de Maravatío y de México. Fue a parar a Europa y se tardó dos años en volver. Nos dijo que su repentino coraje se debió a que los únicos libros de la biblioteca que aún no leía, eran "una sarta patética de dogmas inventada por esos curitas..." Me consta, pues las mujeres de la finca solamente podíamos leer esa *sarta* que ocupaba más de una cuarta parte del acervo. "Y que quede claro Ana María: mis hijas no leerán esas estupideces". Yo sí las leí, pero gracias a que nuestra madre se hacía de la vista gorda, también tuve acceso a los libros nada piadosos que tú leías. En fin, mi hermano necesitaba aires distintos y partió. Gustosa habría partido con él, mas resultaba imposible pues nuestras tres hijas ya habían nacido.

A decir verdad, extrañaba mucho a Melchor durante sus primeras ausencias. Cuando lo llevaban de paseo a Maravatío, al irse al seminario, cuando estudió Leyes en la Ciudad de México. Eso ocurrió antes, mucho antes de que se metiera en líos y peligrara su vida, la mía, sus dominios. De chiquillo era muy travieso, yo lo adoraba. Como soy su hermana mayor, me seguía durante todo el día y por las noches pedía a gritos dormir a mi lado. Fui amorosa y considerada con él. Nuestra relación carnal surgió una de las veces que él regresó del seminario y maduró como las buenas cosechas lo hacen: en hermosos colores, erguidas, fuertes. Durante una de sus visitas, siendo adolescente, pidió dormir a mi lado. Me negué, pues el espacio en la cama no daba para gran cosa. Adiviné decepción en su mirada, la herida del rechazo. Entrada la noche, se deslizó entre las sábanas, me despertó su calor. Acepté un torpe beso, lo sentí natural, mi hermano adoptivo y yo nos habíamos amado desde siempre.

Al regresar del largo viaje por el viejo continente, trajo seis mulas cargadas de libros en inglés y en francés. Cuando entró a la hacienda, venía malhumorado. A mi pregunta sobre su estancia en el extranjero, respondió: "He de traducir parte de la carga que traen estas bestias a lenguas indígenas y al español, dejadme en paz, mujer..." En seguida, gritó que le llevaran sus pertenencias y cerró la puerta de la biblioteca. Al día siguiente, por la madrugada, entré en puntillas y no chistó. Le acerqué atole, pan recién salido de los hornos y agua fresca. Sin palabras, coloqué la bandeja encima de la mesa. No había dormido; a leguas se le notaba. Señaló un altero de papeles que yacía en una esquina del escritorio para que yo lo tomara. Era el comienzo de las traducciones. Se hizo una costumbre. Yo solía ayudarlo con sus trabajos desde que ingresó al seminario. Los revisaba en busca de pifias; a decir verdad, encontraba pocas. Lo mismo ocurrió con las traducciones.

Al cabo de dos semanas, salió de su retiro. Daba pequeños paseos alrededor de la finca y dormía siestas en la hierba crecida; tanto amor y conocimiento profesaba por la naturaleza. Yo lo miraba y sentía pena por él. Nuestras hijas también lo observaban y preguntaban. Pero yo nunca he tenido respuestas. Esas tardes fueron hermosas; las noches, cálidas y claras. Pateo es generoso.

Unos días después, cuando apenas despuntaba la primera luz, escuché un suave golpeteo en mi puerta: "Hermana, ¿tendrá lugar para este mal hombre que la adora?" Melchor era un ser tierno.

Nuestra madre adoptiva, doña Francisca Xaviera, de carácter fuerte y mandón, nunca se casó. Llevaba la hacienda junto a su hermano de sangre; las malas lenguas decían que eran algo más que eso. ¡Para saber! A nosotros, hijo e hijas, nos enseñó a trabajar y desde pequeños nos prodigó su paciencia. Eso sí, muy estricta al disciplinarnos si de religión o aprendizaje se trataba. Pero en sus palabras y aun en las más duras, se percibía el aliento cariñoso, una compasión natural. Sus ojos eran Melchor, lo adoraba. Se esmeraba, sobre todo, en su educación. Hablaba de su glorioso porvenir, no sé cómo lo adivinó.

A pesar de vivir de tan afortunada manera, tal vez a mi amado hermano Melchor le faltó el respaldo de un verdadero padre, de un caballero que dijera al señalarlo: "Éste es mi hijo varón". Lo supongo. Porque a mí, mi procedencia nunca me quitó el sueño.

Según me contaron, llegué de brazos a la finca de Pateo. Algunos peones lo recordaban y Juventina, mi nana, lo recordaba también: "Te trajo a regalar una jovenzuela cruzada, una mestiza". Más señas no dieron de ella, de mi madre natural, tampoco pregunté. Yo soy blanca y blonda, pero, ¿quién es mi señor padre? ¿Acaso nos abandonó a nuestra suerte? Siendo cruzada mi madre, ¿le exigieron a la niña de cabello y clara tez?

¡Doy gracias a la Virgen y al Espíritu Santo por no haber corrido su misma suerte con mis hijas!

¡Bendito seas, Melchor!

¡Benditos tus ojos y tus manos!

¡Bendito tu corazón liberal!

Melchor llegó a Pateo recién nacido, nadie supo quién lo trajo. Doña Francisca, nuestra madre, no estaba en la hacienda. El niño tenía un lejano parecido con ella y nuestro tío. Nadie se imaginaba quién podía ser su padre, aunque se decía que la madre bien podía ser doña Francisca Xaviera Tapia.

¡Ave María Purísima! Habrás de perdonar tan malvada suposición, pero la voz de Maravatío es quien lo grita.

Cuando el presidente Antonio López de Santa Anna desterró a Melchor del país, empezaron los sinsabores en mi vida, en la de mis hijas, en la de todos los que habitábamos Pateo. Los malos augurios que me despertaban cada noche tomaron la forma de un nombre cuando, en las cartas que me enviaba desde Nueva Orleans, continuamente leía el nombre de don Benito Juárez. Después del exilio, Melchor transformó su vida. Su carácter y disciplina se forjaron más aún. Compartió cada una de sus ideas en la finca y, cuando nos encontrábamos en el lecho, agradecía mi opinión. Llegó a confesar que necesitaba de mis consejos al hallarse junto a liberales amigos y pidió perdón por haberme exigido que la hacienda de Pateo fuera mi claustro a cambió de su amor. "La situación que tengo ahora me permite cambiar cosas que antes se veían imposibles. Los liberales añoramos un mundo mejor, menos dividido. Es diminuta la condición del débil ante el poderoso y eso podrá cambiar. Te pido, Anita, hermana de mi alma, amor de mi vida, que hagas con tu fina pluma una carta donde escribas lo que deseas y no obtuviste de mí. Esa carta, te prometo, será una propuesta que haré llegar a lo más alto. Quiero compensarte en algo, ¿estás de acuerdo?"

Escribí la carta que me pidió. Dice así:

Amado Melchor,

No es mi deseo molestarte ni obligarte a un compromiso; como me lo pediste, haré esa petición que no solamente será una compensación a mi persona, sino a muchas otras que estén en mi situación.

El matrimonio no debe ser el único medio moral de fundar la familia y conservar la especie. La pareja que se ame debe suplir las imperfecciones del otro sin pedir nada a cambio. Los que se aman deben ser y serán sagrados el uno para el otro, aun más de lo que es cada uno para sí. El hombre y la mujer deben procurarse generosidad, consuelo, consejo, valor, fuerza, protección, dirección; tratando siempre al otro como la parte más delicada, sensible y fina de sí mismo. El uno y el otro se deben y tendrán respeto, deferencia, fidelidad, confianza y ternura, y ambos procurarán que lo que el uno no esperaba del otro al unirse con él no vaya a desmentirse con la unión. Ambos deben prudenciar y atenuar sus faltas. Nunca se dirán injurias porque las injurias entre casados deshonran al que las vierte y prueba su falta de tino o de cordura en la elección, ni mucho menos maltratarán de obra porque es villano y cobarde abusar de la fuerza. Ambos deben prepararse con el estudio y amistosa y mutua corrección. Cuando se conviertan en padres de familia, sus hijos, resultado del amor, deben encontrar el buen ejemplo en ellos y una conducta digna de servirles de modelo. Y por último, cada hombre y mujer unidos por el amor deben elegir su destino pues ser libres es dirigirse por sí mismos hacia el bien,

Ana María Escobar, Hacienda Pateo,
mes de diciembre de 1858.

Sus mejores armas

Beatriz Rivas

Tenía mucha inteligencia
Leonarda La Carambada
Paraba la diligencia,
Salía de hombre disfrazada.

Sacudiéndose las tetas
Decía, luego que robaba:
Miren con lo que perdieron
Jijos de la re... tostada.

Fragmento del corrido de J. Remedios Vargas

a conocí el día que la mataron. Yo era un joven practicante de medicina y me tocó recibirla en el hospital civil de Santa Rosa, para dar el parte de muerte. La bajaron de un burro, en calidad de cadáver. Una

compasiva mujer la había cubierto con su rebozo, para mantenerla alejada de las miradas curiosas. Muchas personas seguían la extraña procesión, murmurando muy quedo, para que no las escucharan los rurales: "Mataron a La Carambada. La agarraron en la garita de Celaya". "Fue la enamorada del emperador Maximiliano. Le aplicaron la ley fuga, los muy salvajes." "Asesinó al presidente Juárez por las tropelías que cometió contra nuestra madre, la Iglesia católica." "Sí, parece que le dio veintiunilla. Era una santa." "También mató al gobernador Zenea para vengar a su amado. Era virgen. Era buena. Sólo defendía su honra y, de paso, la nuestra." "Robaba a los ricos para dárnoslo a los pobres." "¡Qué chingona! Es mi heroína." "Se dice *héroa*."

Un adolescente, que cargaba el sombrero galoneado y el machete oaxaqueño de la mujer, me ayudó a subirla a la camilla y después desapareció; tal vez se quedó con los objetos como recuerdo y, con el tiempo, les dio el mismo trato que se le da a las reliquias de los santos.

Sus asesinos pensaban que ya no tenía vida y yo lo creí también, hasta que logré percibir un exangüe y disimulado pulso. Rápidamente le proporcioné los primeros auxilios. He de decirles que, al quitarle su chaquetín de gamuza y el resto de la ropa sangrienta, sus enormes pechos me impresionaron. Frondosos, tersos, tibios. ¡Cómo me hubiera gustado besarlos! Yo sólo había tocado los de la vieja Ramona, la prostituta de casi cuarenta años que me había presentado mi padre apenas unos meses antes. "Es La Carambada —aseguró uno de sus captores cuando me vio mirarla de esa manera—. Si la salvas, te va a llevar la chingada." Una monja se persignó. Recuerdo que, en ese momento, pensé que sus senos, inolvidables, eran su arma más poderosa y que seguramente, gracias a ellos, había ganado tantas batallas.

Además de los maravillosos pechos, nada la distinguía. Era una mujer pequeña, nada femenina, un poco pasada de peso, ojos azabache, rostro muy cuadrado, cabello negro. Piernas anchas y duras de tanto caminar y montar. Tenía una cicatriz en la barbilla y un leve bigote sobre los labios. Olía a pánico y a pulque.

Auxiliado por las monjas, lavé las heridas con alcohol arnicado y ácido fénico. La mujer no se quejó. Había recibido cinco balazos y, debajo de la sangre, había una palidez que retrataba un miedo animal. No podría salvarse de ir al otro mundo y probablemente temía acabar en el infierno. Por si acaso, llamé al padre Figueroa, el capellán de la clínica, pensando en que la pobre señorita querría confesarse. El sacerdote no obtuvo ni una palabra. Se retiró aduciendo que debía visitar a otro moribundo, ese sí, de buena familia y vida honrada.

Después de unas horas en que la fiebre la mantuvo casi inconsciente, repitiendo el nombre de José Joaquín y murmurando quién sabe cuánta palabra sin sentido, recobró la conciencia. Hasta llegué a creer que había logrado salvarla. Recordé la amenaza del rural, pero, como médico, mi deber era hacia la paciente.

—¿Le gustaría tocarlos? —fue lo primero que dijo, al ver cómo observaba su torso casi desnudo.

Con una señal, le pedí a la hermana Luz que se retirara. Permanecí callado y, entonces, abriendo muy grandes los ojos y recorriendo la habitación con ellos, como si apenas se diera cuenta del lugar en el que estaba, la mujer preguntó:

—¿Dónde quedó mi pistola, mi carabina y mi parque?

—Señorita, está usted en un hospital.

—¡Ah pero qué cabrón! ¿Y cree que no me he dado cuenta? No me diga señorita, soy Leonarda —expresó extendiendo la mano con dificultad—. Leonarda Martínez, aunque hay otros que aseguran que me bautizaron como Oliveria del Pozo, tal vez porque es un nombre más elegante y seductor. ¿No cree usted?

—A mí me gusta Leonarda, así se llamaba mi abuela —mentí, sin razón alguna.

—¿Y los demás? —preguntó, como si apenas se acordara de su existencia.

—Lograron huir.

—Al menos ellos se salvaron. ¿Dónde quedaron mi gargantilla y mis dijes? —cuestionó de pronto, tocándose el cuello, las orejas—. Ladrón que roba a ladrón...

—No me vea feo. A usted me la trajeron sin joyas ni armas. Y las monjas quemaron su ropa. Fuera de la falda de montar, lo demás ya estaba duro por la sangre.

—Lo presentía. ¿Por qué no me hice caso? Las mujeres sabemos cosas. ¡Cuántas veces le dije a Víctor que plagiáramos al tal Cirilo Vázquez, pero que dejáramos en paz a su hijo!

—¿Tiene algo que confesar? Si desea, puedo llamarle al padre.

—No, ¡qué va! Ésta es una conversación entre cuates. Usted me salvó la vida y, entonces, ya es mi mejor amigo. Cuando salga de aquí, bien sabré agradecerle lo que ha hecho por La Carambada; hasta los bandoleros tenemos lealtades.

Entonces, tal vez porque me cayó bien su franqueza y su valor, la chispa con la se expresaba, salí a buscar una botella de coñac y, sin que me viera el oficial que vigilaba la entrada, la metí a su habitación y le ofrecí una copa.

—Así no me sabe —comentó, tomando directamente de la botella. Yo le di un gran trago al líquido del vaso y brindé por ella, con ella.

—Por La Carambada.

—Por La Carambada —contestó—. Para que no la metan a la cárcel y pueda seguir cabalgando como el mejor de los hombres, robando en los caminos y ayudando a los que no tienen nada.

—¿Es cierto lo que dicen?

—No sé lo que se dice, pero le aseguro que le gustaría ver cómo manejo la pistola, el machete y la reata. Me enseñé desde chamaca. Cuando quedé huérfana, tuve que mantener a mis hermanas. Nunca fui a la escuela; ahí en la ranchería donde nací no había dónde educarse. No sé leer ni escribir. ¿Qué opción tenía? ¿Fregar los pisos de algún rico o entregarle mi cuerpo a quien quisiera pagar? ¡Ni muerta! Fui cantinera y también vendo café y pulque de hacienda en hacienda, pero eso no me alcanza para nada. ¿Sabe, doctorcito? Yo fundé la banda más buscada del Bajío. Las cosas se hacen bien o mejor no se hacen. Me dedico al pillaje y al saqueo, pero, eso sí, de manera profesional y seria. Si me puse fuera de la ley —afirmó, con un gesto adusto— fue porque me obligó mi desgracia.

—¿De verdad le roba a los ricos para dárselo a los pobres?

—No siempre. Si es mucho el botín, reservamos una parte para regalar a instituciones de caridad. No andamos repartiendo así nada más, sin ton ni son. A veces los más pobres son los más aprovechados o los más tarugos. Para luego se van a gastar las monedas en alguno de sus vicios.

—Y, junto con el dinero, ¿deja la famosa nota ésa que dice "Ruegue a Dios por La Carambada"?

—¿Pues no le acabo de decir que no sé escribir? Sólo una vez, hace mucho, pusimos ese letrero y creo que ni siquiera decía exactamente lo que dicen que decía, pero no fui yo, sino el menso de León, que andaba de risa en risa.

—Dígame la verdad: ¿usted mató a Juárez?

—Bien merecido se lo hubiera tenido —contestó, tomando más coñac—. ¿Qué se creía ese hijo de puta, destruyendo conventos y echando para abajo tantas capillas? Prohibiéndonos creer en nuestras creencias. Persiguiendo a los curitas y a las monjas que no tenían culpa de nada. Hasta se llevaron las imágenes religiosas que no estaban dentro de las iglesias y metieron a la cárcel al padre Ibáñez, dizque porque ofició una misa en la alameda. No respetó nuestros valores cristianos más sagrados.

—Se ve que usted es muy católica, Leonarda. ¿No le da miedo cometer tantos pecados? —le pregunté, con auténtica curiosidad, mientras cambiaba sus vendajes.

—Toda mi confianza la tengo puesta en Dios, pero también sé que algo debo poner de mi parte, no es posible que el Señor haga todo y yo me quede con los brazos cruzados, esperando que se cometan más atropellos en contra nuestra. Ningún milagro va a acabar con la injusticia. Le voy a decir un secreto —comienza a hablar en voz baja, con una sonrisa burlona—: Es más práctico asaltar las conductas y plagiar gente importante. Con decirle que hasta ocho mil pesos me gané en un "mandado". ¿Y quiere saber otro secreto? Cuando trabajo, me visto de hombre: el mundo no es para las mujeres, así que, seguro Diosito, si de casualidad ha estado mirando, no me habrá reconocido.

Dicho lo anterior, soltó una fuerte carcajada y, en seguida, hizo un gesto de dolor, llevando su mano al costado derecho. El guardia que estaba en la puerta entró apresurado, pero lo tranquilicé, asegurándole que no pasaba nada; que la enferma alucinaba por la fiebre. Entonces, volvió a salir y, seguramente, se quedó dormido en su silla.

—Ay, doctor, es que me ganó la risa —se disculpó—. No sabe cuánto me divierto cuando asalto. Ver el terror en la cara de los viajeros al bajarlos de la diligencia a grito pelado, me saca las mismas risotadas. Los que se creen bien valientes son los primeros que se orinan y hasta se cagan. Las mujeres dan griti-tos agudos, se abrazan entre ellas y rezan mucho. Una vez, una señorita de buena cuna me dijo, con voz melosa: "Señor, lléve-se usted lo que quiera pero, por favor, no diga malas palabras frente a una dama". ¿Se imagina? —suelta otra carcajada, esta vez más discreta—. Sólo a los bien comidos se les puede ocurrir tremenda estupidez.

—¿Y qué, le metió una balazo nada más por ese comentario? —pregunté, bromeando con ella.

—Que le quede claro, doctorcito, jamás mato por matar. Sólo cuando alguno se quiere pasar de listo o cuando nuestra propia vida está en peligro. La maldad sin justificación es muy mala. Además, asaltamos a los muy ricos. ¿Qué trabajo les costaría compartir? Regalarle ropa a los chiquillos que andan en hara-pos, con la nariz llena de mocos, o un poco de carne a los que tienen tanta hambre —un agudo dolor la obligó, de pronto, a cerrar los ojos. Se quejó por primera vez.

Se quejó mucho y, si hubiera tenido la fuerza para gritar, el grito se hubiera escuchado en todo el hospital. De tanto que contraía el rostro, su frente se llenaba de arrugas y la boca se iba de lado.

Cuando el dolor disminuyó, limpié el sudor de su cara con un paño húmedo y tomé su mano para sentir el pulso, pero mejor decidí llevarla hacia mis labios y besarle el dorso. Me incliné y también besé, suavemente, la mejilla de esa mujer decidida. Mujer de temple. Ella me correspondió abriendo los labios y recibiendo mi boca húmeda. Su saliva era amarga, sabor a metal. Aun así, fue un beso dulce y reconfortante. Casi eterno. ¡Cuántos años han pasado y todavía lo siento!

—Déme más coñac —susurró con una voz a la que había abandonado todo ánimo. Le dio un trago muy largo y, después, varios cortos y rápidos—. Doctorcito, ¿cómo te llamas? —preguntó, tuteándome.

—Javier.

—Javier, no me dejes morir sola. Nada más eso quiero.

—No se preocupe, Leonarda; no voy a separarme de su lado —le juré, besando el crucifijo que siempre traía conmigo.

Cerró los párpados y aflojó los músculos del rostro. Su mandíbula se relajó y la respiración se hizo casi imperceptible. Hasta pensé que había muerto, pero así, de la nada, abrió nuevamente los ojos y me propuso, tomando mis manos:

—Tócame las tetas, anda, se ve que les traes ganas y así, voy a morir acariciada.

En un instante, con la mirada hacia el techo, dejó de respirar. Sus manos cayeron, lánguidas, sobre la cama. Me esperé un rato. No sabía qué hacer. Olvidé todo lo aprendido. Le susurré algunas palabras de consuelo, aunque sabía que ya no me escuchaba. Comencé a rezarle a la Virgen Morena y a pedirle por La Carambada. Entonces, interrumpí el rezo pues empecé a llorar como si hubiera perdido a mi propia amante. ¿De dónde salía tanta lágrima? Al calmarme, un rato después, la observé tendida en la cama. Se veía en paz. Muy tranquila. Casi parecía feliz.

Le cerré los párpados y, cuidadosamente, coloqué sus manos sobre el vientre. El cuerpo todavía estaba tibio. Me levanté para llamar al párroco y avisarle a la autoridad que La Carambada acababa de fallecer, pero, antes de llegar a la puerta, me detuve y volví mi rostro para admirar sus mejores armas: esos senos que, aun debajo de la sábana, sobresalían majestuosos.

Sandunga, mamá, por Dios

Rebeca Orozco

Juana Catalina se miró al espejo por tercera vez y decidió colocar sus dos trenzas a manera de diadema sobre la cabeza. Don Porfirio estaba por llegar. Se miró de nuevo. Frente a sí descubrió una reina zapoteca. Soberbia, orgullosa. Sus rasgos eran como las subidas y las bajadas de la sierra: precisos, eternos, portentosos.

—¿La interrumpo, doña Cata? —dijo Rosa, la criada, bajo el marco de la puerta de la habitación. Estaba extenuada. Había pasado todo el día sacudiendo tapetes y fregando pisos—. Le informo que ahora sí vino más gente que la vez pasada a fisgonear. ¡De mirones está lleno el mundo!

Juana Cata se asomó a la ventana. Cada vez que Porfirio la visitaba, se repetía la escena: indígenas de San Blas y de otros barrios se acomodaban alrededor de la casona para esperar al gobernador. Veneraban a don Porfirio como si encarnase a Cocicopij, último gobernante de Tehuantepec. Los criollos y mestizos, en

109

cambio, no querían al Pelón Díaz porque era liberal, porque el demonio de Juárez lo había puesto a dirigir los destinos del istmo.

—¿Ya vio, señora? Esos malcriados se acomodaron en los escalones de la entrada. ¿Por dónde creen que va a pasar nuestro gobernante?

—Al señor Díaz, nada ni nadie lo detiene. ¿No te acuerdas, Rosa, que fue él mismo quien movió cielo, mar y tierra para que el tren de la compañía Luisianesa pasara exactamente frente a la puerta de mi casa?

—Como no, señora, si no se hablaba de otra cosa aquí en Tehuantepec. Bueno, doña Cata, me voy a la cocina... ¿se le ofrece algo?

—Dile a Tulia que vigile bien el mole de camarón seco, no se le vaya a salar.

Dieron las siete. El silbido del tren se escuchó cada vez más cerca. Al fin, con ruido estrepitoso, se detuvo frente a la mansión de la india zapoteca y, siguiendo el ritual establecido cuatro años atrás, el gobernante descendió ceremonioso del vagón decorado con terciopelo rojo. El hombre llevaba puesto un uniforme de gala militar y portaba una brillante espada. Los indígenas se arrodillaron y recitaron loas en lengua prehispánica. Acto seguido, se abrió paso entre la gente que ocupaba la escalinata y desapareció tras el portón de madera dejando una caravana de inquietudes. ¿Qué haría don Porfirio dentro de la casona? ¿La visita tenía que ver con secretos de guerra o espionaje? ¿Era cierto que el gobernador venía a solicitar los remedios herbolarios de la hechicera?

La joven lo esperaba sentada en un sofá Luis XV de avellano. La elegancia del huipil de seda rojo carmesí, bordado en oro, y de la falda a rayas color verde se multiplicaba en los espejos. Don Porfirio se sentó a su lado. La abrazó. Estaba orgulloso, había mandado construir para ella la casona al estilo francés. La más bella de Tehuantepec. Tenía salón principal, comedor para veinticuatro personas, seis habitaciones, jardines y un par de caballerizas. Los muebles habían viajado por barco desde Francia al igual que la porcelana de Checoslovaquia.

—No te quedes ahí parado, Porfirio. Estás en tu casa —advirtió coqueta mientras observaba la serie de medallas que adornaban el pecho del capitán—. Ven a sentarte.

Juana Catalina recordó entonces cuando lo vio por primera vez en casa del juez Avendaño. Ella jugaba al billar, muy quitada de la pena, con un padre dominico y un empleado de correos. Estaba a punto de hacer una carambola cuando los nobles rasgos indígenas del visitante y su porte la impresionaron hondamente. El cuerpo fuerte y atlético del político le causaron aspavientos incontrolables. Ella tenía diecinueve años y él, veinticuatro. No en vano, se enteraría después, Porfirio se ejercitaba cada mañana en su gimnasio particular, hacía natación y gustaba de escalar los cerros. En ese entonces ella se dedicaba a torcer cigarros de hoja y a venderlos en los cuarteles.

No tenía todavía La istmeña, una tienda que había resultado muy próspera.

Pasaron al comedor. Juana Cata solía comer en una vajilla de barro heredada de su abuela, pero cuando aquel hombre la visitaba le daba gusto: mandaba colocar la mesa con vajilla de Murano y copas de Bacarat. Mientras comían las cebollas rellenas de carne, platicaron de una cosa y de la otra hasta que llegaron al tema ineludible de la guerra.

—No aguanto más. Todos los días debo librar un combate contra esos hijos de su...

—Calma. Es muy malo tragarse uno solo los corajes.

—La muina me domina, mujer, ¿qué quieres que haga? Para colmo, cuento solamente con cincuenta hombres, algunos de Juchitán, otros de... ¡mi ejército es raquítico!

—Yo te puedo ayudar. Mira, ya lo pensé bien. Voy a dar una donación para pagar la soldada liberal.

—No, Juana Cata, de ninguna manera —declaró ofendido.

—Estoy decidida. Ni tú que eres el gobernador, me va a hacer cambiar.

—Ay, Cata. Eres terca como una mula. Con que seas mi informante es suficiente.

—No me cuesta nada, Porfirio. Ya sabes que las clientas principales de La Istmeña son las esposas de esos mochos desgraciados y lo único que yo hago es sacar provecho de la situación.

Si las vieras, no paran de hablar y todavía más cuando les regalo sus copitas de mezcal.

—De todos modos, ya establecí una policía secreta. Prefiero que ellos me informen. No te vayas a meter en un lío, mujer. ¿No ves que no puedo más? Lo que más me inquieta es que estoy incomunicado con la Ciudad de México. No recibo ni instrucciones ni ayuda de nadie. Me veo obligado a pensar por mí. Hace meses que no sé nada de Juárez.

—Mira, Porfirio, la falta de ayuda te obliga a pensar por ti. A decidir por ti, a convertirte en gobierno.

El hombre observó, casi con veneración, los ojos de la joven. Amaba con vehemencia a aquella mujer que acompañaba los tamalitos de iguana con vino francés y que hacía el amor como una perfecta estratega: él no adivinaba nunca cómo ni por dónde lo iba a sorprender. De pronto, su vista se anegó. A pesar de ser uno de los militares más aguerridos del país, le daba por llorar en situaciones íntimas. Cada vez que pensaba en la noche en que ella rechazo su petición de matrimonio se le salían dos o tres lágrimas. Juana Cata le había dicho que no podía casarse con él porque las tehuanas son dueñas de sí mismas y de nadie más.

Al terminar sus copitas de champaña, entraron a la recámara. Una colcha blanca llena de encajes y media docena de almohadas los esperaba. Juana Cata se fue quitando el collar de monedas de oro, las arracadas, el huipil, la camisola; mientras,

Porfirio se sentó a observarla desde una mecedora. Dentro de esa habitación la vida era una delicia. Puras faldas y listones.

De pronto, la excitante ceremonia se desbarató: gritos de angustia llegaron del exterior, llanto de niños, relincho de caballos. Imprudente, la criada tocó la puerta de la habitación:

—¡Señora! ¡Señoraaaa!

—¡Qué pasa, Rosa! ¿Cómo te atreves a...?

—Unos soldados rodearon la casa, señora. ¡Piden la cabeza de don Porfirio!

—¡Santo, Dios! —gritó la mujer atemorizada.

—No te aflijas Cata, no se van a burlar de mí esos idiotas.

—Pero... ¿qué vas a hacer?

Porfirio se levantó de la mecedora de inmediato, cerró los ojos, se apretó las sienes con los dedos y luego de unos segundos comunicó a la joven y después a la servidumbre de la casa su plan de acción.

Obediente, el mozo abrió la puerta principal de la casa para dar el aviso:

—Dice la señora Juana Cata que se rinde. Que no soporta ver su santo hogar en estado de sitio y que, si quieren entrar, que pasen sin hacer mucho alboroto.

El jefe conservador esbozó una sonrisa de triunfo y ordenó a un grupo de soldados que entraran a la casa para tomar prisionero al gobernador. Ocuparon los dos pisos mientras la dueña, sentada ante un piano, tocaba *La Sandunga,* la melodía que desde la infancia le daba fuerza. Telas de seda bordada y crinolinas la envolvían hermosamente. Tras largos minutos, los soldados no habían encontrado a don Porfirio. Con ahínco lo habían buscado en el sótano, en el ático, en los roperos. Nada.

—¡Porfirio! ¿Sales o te hacemos salir? —amenazó el jefe disparando un balazo contra un candil. Infinidad de pedacitos de vidrio cayeron sobre el pasillo.

—¡Dios santo! ¿Qué hace? —protestó Juana Cata espantada. Para darse fuerza, la joven reinició *La Sandunga*. Las manos le temblaban. "Ay, mamá, por Dios, no seas ingrata, mamá de mi corazón".

—Le ordeno, señora, que se ponga de pie y me diga dónde escondió al gobernador —exclamó el hombre exasperado. El aliento fétido del militar calentó el rostro de la muchacha.

—Uy, señor, si ustedes que son soldados no lo saben, menos yo que soy una pobre zapoteca que no aprendió ni a leer ni a escribir —afirmó, inmóvil, escondiendo la mirada entre las teclas del piano.

—¡Embustera! Dígame, por el bien de la nación, ¿lo ayudó a escapar? —amenazó a la joven mientras ésta, muda, continuaba interpretando torpemente *La Sandunga*.

—Mire, señora, por última vez, si no me dice dónde está su amante...

—¿Amante? Me ofende. Ésas son puras habladurías —protestó con valentía—. Si el señor Díaz vino a visitarme fue porque tenía una fiebre muy peligrosa y me pidió que le preparara atole real, el de los antiguos señores zapotecas...

—¡Por última vez! ¿Dónde está el canalla? ¿No me va a contestar? ¡Carajo! Tengo a mi gente fuera y dentro de la casa... ¿en dónde está el machito ese?

—Tengo entendido —explicó Juana Cata con fingida inocencia— que el señor gobernador es famoso por sus escapadas. O qué... ¿no lo sabía?

—¿Qué quiere decir? ¡Hable y deje de tocar ese maldito piano!

—Por ahí dicen que don Porfirio es muy bueno para disfrazarse —manifestó la joven retando por primera vez al soldado—. A lo mejor esta vez se disfrazó de soldado conservador y...

—¡Condenado liberal! ¡No debe andar muy lejos! —enunció colérico y, luego, alzando la voz, dio órdenes a sus soldados de que salieran a buscar al enemigo.

Los militares salieron de prisa. Rabiando. ¿Cómo era posible que el mala entraña de Porfirio se les hubiera escapado frente a sus narices? A través de la ventana, Juana Cata los vio montar sus caballos y dirigirse hacia el cerro.

—Ya puedes salir, Porfirio —indicó Juana Cata extenuada. Había tocado *La sandunga* más de veinte veces.

El capitán salió a rastras de debajo de las enaguas de doña Juana Cata. Estaba embriagado, feliz. En su vida había conocido mejor refugio. El paraíso. Una nueva victoria para los liberales.

Obstinada Matilde

Sandra Frid

—¿No entiendes? —gruñó el señor Montoya al entrar a su casa y descubrir a su mujer sentada a la cabecera de la mesa con un libro en las manos y, junto a ella, a la niña empuñando un lápiz—. No tiene sentido que pierdas el tiempo enseñándole a leer. ¿Cuántas veces he de repetírtelo?

Adelantándose a las palabras de su madre, Matilde se armó de valor:

—Papá —declaró—, quiero ser maestra.

Matilde rehizo aquella escena mientras se paraba sobre las puntas de los pies para asomarse dentro del féretro. Aunque sólo tenía trece años, lo observó sin sentir miedo, mucho menos tristeza. Con la muerte del padre se liberaba del yugo. "Sabe —le dijo en silencio al cadáver—, ahora que aprobé el examen para ser maestra de primaria, decidí estudiar Obstetricia.

Al día siguiente del entierro, la adolescente de cabellos rizados y pequeños ojos oscuros se inscribió en la Escuela de Parteras y Obstetras de la Casa de Maternidad, en la calle Revillagigedo.

Matilde pronto aprendió lo relativo al aparato reproductor femenino. Atendía con esmero a las jóvenes que, ante la promesa de un amor eterno, habían entregado su doncellez, y consolaba a las pacientes cuyas sonrisas frescas se torcían con los dolores de parto.

Tres años más tarde, con el título bajo el brazo y ansiosa por ampliar sus conocimientos, empezó a trabajar como auxiliar de cirugía. Sus anhelos y las penurias la llevaron a Puebla, donde rápidamente, gracias a su preparación y su trato amable, se hizo de una numerosa clientela.

Su fama crecía tan aprisa como los vientres de las mujeres preñadas, asunto que enojó a varios médicos. ¿Qué hacer para difamarla? Mientras comían camote rociado con rompope, decidieron publicar violentos artículos en los que convocaban a la sociedad poblana a no solicitar los servicios de "esa mujer demoniaca y poco confiable". Cobijados por la noche sin luna, pegaron sobre la cantera y los azulejos de algunas fachadas e iglesias un escrito en el que acusaban a Matilde de "masona y protestante".

En el silencio de una tarde lluviosa, en la que Matilde se encontraba estudiando Anatomía, oyó los cascos de un caballo que se detuvo ante su puerta. Suponiendo que se trataba de una parturienta, corrió a abrir. Pero el que golpeaba el viejo portón era un señor de grueso bigote que sostenía un periódico sobre su cabeza para protegerse del aguacero.

Don Lucio, el recién llegado, solicitó sus servicios médicos. Sorprendida de que un hombre la consultara, Matilde lo invitó a pasar y, una vez sentados frente a frente, le informó que ella era partera.

—Lo sé, señorita, pero la gente dice que sus conocimientos alcanzan para curarme una tos que no me da sosiego.

Los labios delgados de la joven sonrieron ante el halago. Le tomó el pulso, escuchó los latidos del corazón y lo hizo toser. No notó ningún silbido en la respiración del paciente, no lo encontró pálido ni expulsaba flemas. Tras recetarle una tisana a base de gordolobo, eucalipto y lentejilla que debía endulzar con miel, lo despidió. En el periódico que el quejoso dejó olvidado y que la lluvia había humedecido, la tinta se corría manchando la cara del nuevo presidente, don Porfirio Díaz.

Una semana después, el hombre volvió y, deshaciéndose en alabanzas por haberlo sanado, depositó un envoltorio sobre la mesa.

—Señorita Montoya, usted me curó y en agradecimiento le traigo un obsequio —sin dejar de sonreír, don Lucio desdobló la tela que cubría aquello.

De pronto, ante la mirada curiosa de Matilde, apareció un cráneo. El asombro le arqueó las cejas.

—¡Sede del pensamiento, matriz del saber! —afirmó el visitante—. Donde hay un buen médico, debe haber un cerebro.

Al quedarse sola, observó su regalo. Realmente era una buena pieza, conservaba casi todos los dientes y sólo tenía una hendidura en el hueso parietal. Contenta con el nuevo adorno que le daba un toque especial al cuarto convertido en consultorio, Matilde lo colocó en el pretil de la ventana y lo nombró como su primer paciente masculino: Lucio.

Por aquellos días, la joven solicitó su ingreso a la Escuela de Medicina de Puebla. Aunque muchas damas de sociedad la apoyaban, sus adversarios redoblaron los ataques: en *El Boletín* publicaron un artículo encabezado con: "Impúdica y peligrosa mujer pretende convertirse en médico."

Sorda y ciega a las ofensas, continuaba trabajando con ahínco.

Las desgracias empezaron una madrugada de junio cuando, tras pasar la noche entera asistiendo a una primeriza, Matilde trajo al mundo a un niño muerto. El papá de la criatura desató su ira en la partera. Luego de insultarla, gritó:

—¡Debí prestar oídos a los que hablan mal de ti! ¡Largo, fuera de mi casa, bruja!

Al día siguiente, el canario que alegraba a Matilde con su canto, escapó de la jaula. Esa tarde, al regresar del mercado, se resbaló frente a la capilla del Rosario y una semana después, su madre enfermó de tifoidea. Agobiada, abandonó la ciudad de los Ángeles y regresó a la de México.

Ya instalada en una vecindad, se inscribió en la Escuela Nacional de Medicina.

—Debe ser perversa y depravada la mujer que quiere estudiar Medicina —opinaban los que se cruzaban con Matilde en la Plaza de Santo Domingo.

—Le gustará ver cadáveres de hombres desnudos.

—¡Médico! Solamente una fea y solterona como ella.

Las críticas y las burlas desmoronaban el ímpetu con el que salía cada mañana. En las noches, sola y fatigada, conversaba con aquel cráneo que, sobre la mesa, junto al libro de Anatomía, la acompañaba a estudiar:

—A ti te asesinaron, ¿verdad, Lucio? ¡Y de un hachazo!

Varios docentes y alumnos solicitaron que se revisara el expediente de Montoya, objetando la validez de las materias de bachillerato que había cursado en escuelas particulares. Poco antes de los exámenes finales del primer año, Matilde fue dada de baja.

Abolidos sus anhelos, su valentía y su vehemencia, se derrumbó sobre la silla y, con la mirada fija en el cráneo, soltó sus desventuras:

—Y ahora, Lucio, ¿qué voy a hacer? ¡Me quemo las pestañas mucho más que cualquiera de ellos! ¡Hombres necios, incapaces de reconocer la valía de las mujeres! ¡Hombres altaneros! Quieren verme convertida en limosnera, me quieren ver muerta, igual que tú. Pero no me doy por vencida.

Entonces, la joven solicitó a las autoridades que, de no revalidarle las materias de Latín, Geografía, Matemáticas, Raíces Griegas y Francés, le permitieran cursarlas en San Ildefonso. De nuevo fue rechazada, ya que el reglamento de la escuela señalaba *alumnos*, no *alumnas*.

Sus mejillas antes redondas, se hundían junto con su ánimo. Pasaba las noches acostada sin sueño, oyendo el aullido de algún perro callejero intentando imaginar su vida alejada de los enfermos. Con la vista aferrada a la luz de una vela, recordó al otro Lucio, el que le regalara el cráneo. El Lucio que vivía con ella parecía asentir cada vez que la flama, agitada por el viento, danzaba a su lado. Junto a la calavera había un periódico que, igual que aquella tarde, mostraba el retrato de Porfirio Díaz. ¡Eso es!, gritó Matilde y, tomando un cuaderno, le escribió al presidente.

Su petición fue escuchada: desde la presidencia, se *sugirió* al director de San Ildefonso dar facilidades a la señorita Montoya para cursar las materias en conflicto.

Matilde aprobó con buenas notas.

Mientras José Guadalupe Posadas empezaba a dibujar las calaveras que ilustrarían cajetillas de cerillos, documentos y libros, Matilde terminó la carrera; preparó la tesis y solicitó su examen profesional. Se lo negaron con el mismo argumento usado por los de San Ildefonso: en los estatutos se hablaba de *alumnos*, no de *alumnas*. Por primera vez, pensó en rendirse. Apiló libros y cuadernos, envolvió a Lucio con un mantel poblano y, anunciándole que ya no lo necesitaría más, lo entregó al cura de la iglesia para que le diera cristiana sepultura. Sin titubear, volvió a escribirle al presidente.

En cuanto recibió la carta, don Porfirio envió una petición a la Cámara de Diputados: que actualizaran los estatutos de la Escuela Nacional de Medicina para que las mujeres pudieran graduarse. Como la Cámara no estaba en sesiones, el presidente emitió un decreto para que de inmediato se aplicara el examen profesional de Matilde Montoya.

Sin remedio, le asignaron el jurado más exigente y, en lugar de la sala solemne con sillones de madera donde se efectuaban tales exámenes, le destinaron un salón menor.

Ese 24 de agosto de 1887, faltando pocos minutos para la hora fijada, apareció un mensajero anunciando a las autoridades escolares que el señor presidente salía de Palacio Nacional, acompañado de doña Carmelita, para presenciar el examen. Inmediatamente abrieron las puertas del salón de actos solemnes donde Matilde Montoya, luego de dos horas, fue aprobada por unanimidad.

La primera médico mexicana no volvió a pisar la Escuela Nacional de Medicina, por lo que una amiga fue a recoger su título. Tras su graduación, un compañero le obsequió un esqueleto:

—Como ornamento para su consultorio —le dijo.

—Gracias, pero no recibo muertos.

La revoltosa

Ana Díaz Sesma

Las nubes rosas parecen borlas de algodón en un cielo azul plomizo. Como cada tarde, sube a la azotea a despedirse del guerrero hincado frente a la mujer dormida. Las torres de la catedral vigilan arrogantes los edificios de fachadas de piedra o ladrillo con incrustaciones de talavera. Pronto será de noche; entonces, saldrá disfrazada de hombre a pegar en los muros panfletos en contra de la reelección o a recoger pólvora y armamento que, junto con otras compañeras, almacenan en el sótano de su casa.

De pronto, el silbato del vendedor de camotes con piloncillo se mezcla con los violentos golpes en el portón de madera. Alarmada, se asoma por el borde del techo: distingue a decenas de uniformados que rodean la casa, mientras otros, fuerzan el cerrojo y empujan a Natividad, la criada, quien intenta impedir su entrada.

La niña atraviesa el patio cubriéndose el rostro con el brazo. En la vivienda, reina alboroto y caos. Por momentos, se confunden los de un bando y otro.

—¡Ahí está la Revoltosa! Vamos por ella —grita uno de los conservadores, a la vez que la chiquilla logra esquivar un pelotazo. El agresor se aproxima, pero antes de que la pueda atrapar, Carmelita lo sujeta de los cabellos y lo zangolotea con enjundia.

Los policías irrumpen gritando que, por mandato gubernamental, van a inspeccionar el inmueble. Carmen baja a toda prisa de la azotea al salón donde ya se encuentran sus hermanos Aquiles y Máximo, su madre, su cuñada Filomena y las Narváez Bautista, entre varios de los conspiradores que, al igual que los Serdán, apoyan a Madero. Aquiles ordena esconderse. Por suerte, la mayoría de ellos están armados.

La Revoltosa suelta a su víctima para refugiarse tras una columna junto a Max, quien le susurra, con un gesto de complicidad, que él la defenderá de los mochos. Al instante, sale de su guarida y descarga en el rostro de sus perseguidores la pistola que le trajeron los Santos Reyes; pero, antes, un cerbatanazo le da en la frente.

—Estás muerto, Max. No puedes seguir... —le reclama a su agresor cuando ve que no tiene intenciones de caer.

Mientras los guardias suben a la planta alta, Carmen guía a las mujeres por las escaleras de servicio que descienden al patio. Los gendarmes entran y salen de las habitaciones, arrojando al suelo todo objeto que se interponga en su camino. La consigna es hallar armas y propaganda antigubernamental, pero, sobre todo, llevarse vivos o muertos a los conspiradores.

Las señoras se esconden atrás de macetones, debajo de las escaleras y en la cocina. Carmen se acurruca junto a un costal de frijol en la alacena, con la pistola cargada. Tiembla. Aprieta la mandíbula para que los dientes no castañeen. Sus latidos son tan fuertes, que teme que la delaten. Escucha un alarido y la angustia crece. ¡Cuántas mañanas, tardes, noches, semanas, meses, preparando la Revolución para que dos días antes del estallido los sorprendan!

Un presagio sombrío la invade. "Tal vez nadie salga vivo de ésta", piensa. Aun así, no se arrepiente de lo hecho. No sólo fue el deseo de derrocar al dictador lo que la movió. Su corazón indómito nunca se acostumbró a las injusticias que la mayoría de los de su posición económica veían como algo normal dentro del régimen porfirista. Papá, ¿por qué los indios miran al suelo cuando hablan con los patrones y reciben latigazos por holgazanes? ¿Por qué el hijo de Crispina, la cocinera, no encontró doctor y se murió de fiebre? ¿Por qué sólo unos cuantos niños podemos ir a la escuela y aprender las letras que forman palabras como *paz* e *igualdad*? Eran preguntas que desde la infancia merodeaban en su cabeza.

—¡Los tenemos cercados! ¡Ríndanse ya! —grita un oficial al momento en que se oye un balazo.

Carmelita sale de la columna y, con un grito de ¡mueran los traidores!, amenaza a los enemigos con su resortera. Ellos retroceden mientras que la Revoltosa, sin dejar de apuntarlos, se acerca a Max.

—Ya estoy morido —le dice a su hermana cuando le da la mano para ayudarlo a levantarse.

—No se dice morido, *tonto*, sino muerto. Además, no puede ser, porque, si te hubieran matado, tendrías los ojos cerrados y no podrías hablar.

—¡Ah!, es verdad —responde Max, al momento en que cierra los párpados y aprieta los labios.

—¡Anda, levántate, los valientes nunca se rinden! —ordena la niña. Antes de que el chiquillo se incorpore, una voz irrumpe en el aire.

—¡A merendar!

—Por última vez, entréguense —vocifera el capitán. Al minuto, encuentra a Filomena y a Rosa Narváez, quienes son detenidas. El alboroto aumenta. Carmen no puede seguir oculta sin saber qué pasa. Sigilosa, se aproxima al patio. Lo primero que ve es el cuerpo del hermano menor tirado en un charco rojo.

—¡Maldita, sea! —aúlla mientras dispara contra un alguacil, quien retrocede herido en una pierna. Carmen logra acercarse a Máximo y le toma una mano.

—Ahora sí me cargó la chingada —balbucea el moribundo con las pocas fuerzas que le quedan. Su hermana está a punto de derrumbarse, pero él la increpa:

—Anda, levántate, los valientes nunca se... —no termina la frase. Carmen le cierra los ojos. No hay tiempo para lágrimas. Corre esquivando proyectiles. Una bala le roza el muslo y la sangre brota. Cojeando, sale a uno de los balcones que da a la calle.

—¡Viva la no reelección! —lanza tres tiros al aire antes de que dos policías la encañonen obligándola a soltar su arma.

Los federales se llevan a los detenidos; entre ellos, a las mujeres. Los muertos quedan tirados, a la espera de que las autoridades decidan a dónde llevarlos. Carmen, junto con su madre y cuñada, es transportada en una carreta jalada por mulas, bajo la custodia de un guardia. Se ven entre sí. Hay desasosiego en sus miradas. No necesitan hablar para saber que piensan lo mismo. ¿Qué habrá sucedido con Aquiles?

¡Un ratito más! —ruega el pequeño, saliendo del escondrijo de donde nunca dieron con él.

—*Ni un minuto* —responde enérgica la señora Alatriste.

Los niños Serdán, aún excitados por el combate recién librado, se despiden de sus invitados con promesas mutuas de verse al día siguiente.

Carmen cierra los párpados. Trata de convencerse de que Aquiles permaneció oculto sin ser descubierto. Aún ignora que, al igual que a Máximo, no lo volverá a ver.

Cuando abre los ojos, la carreta ha tomado el camino de tierra rumbo a la prisión de la Merced. Los últimos rayos de luz se difuminan tras los volcanes. La Revoltosa alcanza a despedirse del guerrero y su mujer dormida, antes de que otra noche los cubra de oscuridad y silencio.

El sarape de Madero

Javier Sunderland Guerrero

¡**B**uenos días, Panchito! Soñé con Monterrey. ¿Recuerdas?, donde ni preso te separaron de mi lado. En la celda que compartíamos te preparaba un café retostado con piloncillo en cantarito de barro y frijoles. Quisiste devolver al general Reyes la cortesía de no habernos apartado, perdonándole la vida, pero se ve que él se consideró a mano para volver a escupirte al rostro. ¿Recuerdas el salitre de las paredes de tu encierro en San Luis, que se te metía por los poros y no te dejaba dormir? Sé que en realidad no conciliabas el sueño porque ahí no me dejaron acompañarte, chaparrito. ¿Y te acuerdas de Ciudad Juárez? ¿De tu ansiedad antes del asedio? ¿De tu calma cuando te eligieron presidente? Tan fácil que hubiera sido granjearte el afecto de Zapata... bueno, ése no tenía llenadera; no le bastó tu agrarismo, ni que hubiésemos apadrinado su boda con la Generala, pero quisiste quedar bien con todos y abstenerte de cortar una

131

cabeza más. Quisiste reconciliar lo irreconciliable. El magro desayuno se enfría en la mesa, mientras Sarita Pérez evade el esfuerzo de masticar otra cosa que no sean sus recuerdos. Los ojos, pequeños y dulces, se pasean por una casa que jamás alcanzó a compartir con Francisco. Su hogar fue incendiado por la turba, poco después de que lo mataran.

¿Fue la Providencia la que cruzó nuestros destinos, cuando mi familia vivía a cientos de leguas de distancia de la tuya? Yo ni soy norteña. Mamá insistió en mandarme al colegio Notre Dame en San Francisco, donde coincidí con tus hermanas. ¿Por qué pasé mis vacaciones en la hacienda de tu padre, donde te conocí? No hice caso de tu fama de crápula, pata de perro y libertino. La gente no cambia, pero a mí me consta tu transformación. Te redimiste porque Raúl, tu hermano chiquito, te lo pidió desde el más allá. Te fustigaba entre llamas de keroseno para que regresaras a mi lado, arrepentido. Bajo su guía te convertiste en el arquero divino, Arjuna, el discípulo de Krishna, y de tu héroe tomaste el desapego y el garbo de príncipe, antes de iniciar su combate en Kurukshetra. Así, le debía a un muerto, aunque fuera un muertito adorable, haberte recuperado y al cabo mi amor tendría que pagar su deuda.

¿Y si Dios me castigó por no impedirte hacer tus sesiones espiritistas? Debí haberte disuadido, que los Evangelios que pretendías emular no pueden mezclarse con los embustes del enemigo. ¿Y si Dios me condena por seguir llamándote, por no dejarte descansar, por no resignarme? ¿Dios se enojará conmigo por extrañar tanto las cosquillas que me hacías con tu barba al despertar? ¿Qué más me puede pasar si ya he sufrido lo peor? Qué más da, si nunca te di descanso ni sosiego, si por el contrario, busqué despabilarte cuando la parálisis amenazaba tus decisiones, correctas o incorrectas, y total siempre decidiste. Decidiste mantener medio gabinete de Científicos, decidiste indultar al bruto de Villa —que te escribía unas cartas tan chistosas como ingenuas—, decidiste no enfrentarte con nadie y por eso decidiste tu muerte al fin: nadie te condenó, fuiste tú solo corazón.

La luz marchita de una veladora parpadea indecisa. La tarde se unta a las paredes, alargando sombras que empiezan a poblar la casa, sombras líquidas que inundan el alma, que acorralan y ahogan.

¡Ay viejo! Cómo extraño mirar tu espalda inclinada sobre el secreter, cuánto añoro el sonido de tu pluma navegar sobre las hojas; si me hubieras atendido cuando te dije que no les perdonaras la vida a Bernardo Reyes y a Félix Díaz; el frío es más cruel sin tu aliento. Si me hubieras hecho caso esa mañana de domingo, cuando te supliqué que no cabalgaras desde Chapultepec, y aún escucho los cascos de tus gallardos escoltas del Colegio Militar bajando por el cerro, cuando te imploré que te cuidaras, vida mía, y tú me diste la bendición y un beso en la frente antes de partir. Si vieras cómo me repugna que me vean con lástima, que te vean con lástima, cómo que pusilánime, si nadie más tuvo los tamaños para plantársele a don Porfirio, pero me hubieras hecho caso cuando te aconseje que no vacilaras, que no le preguntaras a tus espíritus sino nada más a mí, nada más a mí... Tal vez es cierto que recibes el doble de lo que deseas para los demás y yo quise ver muerto, bien muerto al Chacal y al no menos animal de míster Wilson y entonces yo tuve la culpa por desearlo tanto, por pedirle a Dios que los quitara de tu vida. Y ya ves que me cumplió. No me costó tragarme la dignidad para rogarle al gringo que no te mataran. De no haber dependido tu destino, Chito, de ese monstruo, yo misma lo hubiera abofeteado. De no haber sido yo una señora y él un perro cobarde, lo hubiera retado a duelo.

Respóndeme Pancho, no me dejes hablando sola otra vez. ¿Quién te traicionó? ¿Quién no? ¡Qué ingrata soy! Claro que Chema no, ni Felipe Ángeles, ni Márquez Sterling, ni Lauro Villar, ni María Arias, pero es que en esos días oscuros fueron la excepción, todos querían un cachito tuyo, León de la Barra, Carranza, Zapata; todos querían su trocito, como la soldadesca que, a punta de bayoneta, sacó el único ojo bueno de Gustavo para luego hacerlo pedazos... Prefiero evocar a tu dulce hermano, extasiado, con los ojos cerrados al escuchar *Malgré tout* de Ponce, ¿recuerdas?, la pieza para mano izquierda que éste escribió para su amigo escultor Jesús Contreras, cuando perdió la derecha. Igual me siento yo, que a pesar de todo, vivo tuerta, manca, coja, con un solo pulmón y sin la mitad del corazón.

A esta hora, su único interlocutor es el reloj de la estancia que desgrana pesadamente los segundos. Las campanadas que simulan el Big Ben le recuerdan que ya son las diez. Su mano pálida y delgada se aferra a un rosario. Como es martes, tocan los misterios dolorosos, pero le es imposible concentrarse: ambos calvarios se le confunden en la mente.

Aún llevo luto. No para mí, sino para imponer tu recuerdo a los demás. En mi blusa prendo siempre un pañuelito de seda carmesí, que hace las veces de tu sangre. Ya me decía Papá Macario que no sabías estarte en paz. No pudiste dejar a los muertos muertos y a los vivos vivir. Tenías que abrir esa puerta y permitirles entrar y ahora no estás del todo muerto, pero difícilmente vivo y no acabas nunca de irte, pero tampoco te quedas y, a veces, apenas te percibo en el sabor de la sopa de lentejas, en una tenue sombra en el espejo del comedor.

Me dijeron que era gris el sarape con el que te envolvieron, luego de que todavía con un pie en el estribo del Protos de alquiler en que te llevaron a Lecumberri, te disparó por la espalda ese tal mayor Cárdenas, que no era sino el cuidador de la hacienda de Nacho de la Torre, el yerno cuarenta y uno de Díaz. Cómo hubiera querido ser yo ese sarape para quedarme contigo, para anegarme de tu sangre,

para cubrir la afrenta,

para arropar tu último sueño.

Yo, sueño contigo.

Hasta mañana, Panchito.

Y si Manuela se fuera con otro

Sandra Frid

C obijada por las sombras del cuarto, Manuela observa a los hombres del pueblo poner dos tablas en el piso de tierra y, encima, ambos cuerpos. Dos grandes velas arden junto a las cabezas de los difuntos y dos más cerca de los pies. La botella de aguardiente pasa de mano en mano. Una de las mujeres, tras frotarse las sienes con limón, se sienta cerca del fuego a hacer tortillas. La vecina que trajo el guajolote le dice a Manuela que es hora de juntar algunas pertenencias de sus padres para enterrarlas junto con ellos. Obediente, la huérfana guarda en un morralito el peine de su madre, aguja e hilo; de su padre elige un paliacate y su cuchillo.

Un anciano guió la procesión al camposanto. Los hombres cargaban las tablas en las que, envueltos en sendos petates, descansaban los muertos. Manuela iba rodeada por las mujeres. Le dolía la garganta y el pecho de tanto aguantarse las lágrimas, pues la más vieja del pueblo le había dicho que no debía llorar para no afligir a sus padres. Luego de bajar los cadáveres a la fosa, cada uno de los acompañantes fue arrojando puñados de tierra, desmoronando los terrones para que los fallecidos no regresen a espantar a los vivos. El aroma de los nardos y la letanía del anciano mareaban a Manuela.

A la mañana siguiente, Pánfilo fue a buscarla.

Secándose las lágrimas con la punta del rebozo, Manuela preguntó quién llamaba. Al abrir la puerta, la luz se metió a su casa.

—Hola, Manuela —saludó el joven quitándose el sombrero.

La muchacha, inquieta, bajó la mirada sin saber qué hacer. ¿Qué pensarían los vecinos si lo dejara pasar?

Como si le leyera la mente, él le dijo:

—Manuelita, ahora que sus papacitos se han ido al cielo... pues no está bien que se quede usté tan solita —sus ojos se pasearon por el rojo de los moños que ataban las trenzas de la joven para luego, tímidos, deslizarse hasta los pies que, coquetos, asomaban debajo de la falda—. Desde hace tiempo que la quiero... No se vaya a enojar, vengo a ofrecerle matrimonio —el sombrero giraba en sus manos temblorosas—. Piénselo y aluego regreso.

Colorada y con el corazón latiéndole muy rápido, a Manuela se le escapó una sonrisa. Sus dientes blancos y parejitos brillaron aún más que sus enormes ojos negros. Conocía a Pánfilo

desde que eran niños y, aunque nunca habían cruzado más palabras que "buenos días", a lo largo de sus dieciocho años, varias
veces había soñado con él. Nerviosa, tomó la punta del rebozo,
y al sentir la humedad que en él habían dejado sus lágrimas de
huérfana, imaginó la soledad y la tristeza a la que estaba con-
denada. Al levantar la mirada, se topó con la de él, allí se vio
contenta, caminando el domingo por la plaza: sus brazos y sus
destinos entrelazados.

—Ya pensé —atinó a responder—. 'Ta bueno.

A partir de aquel momento, a Manuela se le figuró que las
horas volaban como un colibrí. De soltera ayudaba a su madre,
mas ahora sus obligaciones se duplicaban.

Cuando el sol se anunciaba, oscureciendo con su fuego los
montes, Manuela ya había ido a enjuagarse la cara al río y tenía
listo el fogón. Aunque le daba trabajo abandonar la tibieza del
lecho y soltarse del abrazo de su marido, le gustaba servirle el
café recién hervido y que, al despedirse, los labios del esposo
encontraran una frente y unas mejillas frescas que no olieran a
sueño.

Mientras Pánfilo laboraba en la hacienda, Manuela aseaba
la casa, recogía leña, lavaba y remendaba ropa. Después de
merendar, a veces él se quejaba de la mala paga y de lo que
les robaban a los pepenadores en la tienda de raya. Cierta
tarde, llegó con la camisa rasgada y manchada de sangre.
Por más que ella insistió, él no quiso explicarle; tampoco le

confesó que las marcas en las piernas se las debía al látigo del capataz.

De recién casada, cuando las mujeres se reunían a desgranar mazorcas, le hacían espacio para que participara en el chismorreo, pero con el paso del tiempo comenzaron a verla de reojo, poniéndole mala cara y murmurando a sus espaldas. El viento le llevó el rumor de sus malas lenguas:

—Manuela es jorra.

—Su imprudencia le ha enfriado el vientre.

—Sólo una desvergonzada como ella se baña desnuda y ¡delante del marido!

"¿Por qué es tan malo dejarse querer por su hombre?" Se preguntaba Manuela. "¿Es pecado que nos amemos? Nuestro cariño no puede enfriarme por dentro", se decía observándose la barriga plana.

La preocupación que las vecinas le encajaron le avivó las ganas de consultar a la curandera. Tras tallarle el cuerpo con un manojo de hierbas y susurrar palabras en náhuatl, aseguró haberle sacado el mal.

Esa noche, liberada de su aflicción, esperó a Pánfilo sentada en el suelo, fuera del jacal. La luna ya reía alta en el cielo y él no llegaba. Entre los murmullos nocturnos, oyó pasos y por fin, Pánfilo se acuclilló frente a ella.

—Nos vamos a levantar en armas —anunció sin más preámbulos—. Dicen que ayer, en Cuautla, unos hombres se pusieron

bravos y tomaron la plaza. Vengo del cerro El Aguacate. Ora sí
—agregó exaltado—, ¡a recuperar nuestras tierras y a derrocar
a Porfirio Díaz!

—¿Cuáles tierras? A ti no te han quitado nada —dijo Manuela.

—Porque no tengo, pero ya me cansé de los chicotazos.

—¿Con qué vas a pelear? —en sus palabras vibraba el miedo.

—Mañana me voy pal' sur —fue la respuesta.

Jamás había oído ese tono en la voz de su marido. Negándose a imaginarlo lejos o peor aún, muerto, de rodillas le pidió que
no se fuera. Sus ruegos se perdieron en el oleaje del viento. Con
la vista nublada, lo siguió hasta el lecho pensando que, quizá,
era la última noche que pasarían juntos.

Al clarear, los hogares se vaciaron; sólo quedaron los viejos,
muchos niños y las mujeres mordiéndose los nudillos con la congoja atorada en la garganta. Hijos y esposos se despidieron. Ya
no habría que mandarles comida a las haciendas ni prepararles
su atolito.

¿Quién trabajará la tierra? ¿Quién las protegerá? Algunos
traían fusil; otros, machete, un palo, una piedra. Pocos monta-
ban a caballo, varios en mula o burro; la mayoría se marchó a
pie. Vestían calzón y camisa de manta, sombreros anchos y, en
el brazo, una cinta tricolor.

Con la sensación del beso que Pánfilo le dio en la frente,
Manuela lo vio partir.

Tras ocho días sin saber de él, segura de que no andaría muy lejos, Manuela emprendió el camino. Una vecina la alcanzó queriendo saber por qué se iba y qué cargaba en el hatillo.

—Maíz, miel y manteca —contestó sin despegar la vista del suelo, donde buscaba las huellas de Pánfilo.

Unas cuantas más se unieron a Manuela. ¿Quién, si no ellas, los alimentaría? ¿Quién remendaría sus ropas y limpiaría sus heridas? ¿Quién les daría sepultura?

—Sigan aquella vereda hasta las vías del tren —les dijeron—. Allí están los nuestros.

Colinas dispersas; barrancas formando líneas negras y campos de cultivo convertidos en cenizas. Manuela parpadeó, acalorada de tanto caminar. Por fin, avistaron Atlihuayan, pero en la plaza no hallaron más que un costal de frijoles y un muchachito con la cara sucia. Pasaron la noche en un jacalón.

En la penumbra del amanecer, Manuela sintió un cuerpo pegado al suyo. Apretó los puños, lista para darse vuelta y golpear al que se le arrimaba. Una voz cerquita de su oído pronunció su nombre. ¡Pánfilo!

—No grites, mujer —la reprendió con ternura—. Levántate, ya es hora de...

Sus palabras se enredaron con las pisadas de la tropa que, de prisa, acudía al llamado del coronel.

Cierta mañana, las mujeres repartían café cuando, de pronto, el vigía anunció la aproximación de una columna enemiga.

De inmediato, el regimiento tomó posiciones como si llevaran años preparándose para el ataque. A las mujeres, el sargento les ordenó esconderse tras una tapia. Cientos de disparos estallaron al mismo tiempo. Los federales huyeron, y en su fuga, algunos dejaron sus armas tiradas.

En ese pueblo, la gente les vendió cigarros y gallinas con las que hicieron bastimento para continuar al siguiente poblado. Si en su casa Manuela había sentido que los días corrían aprisa, ahora éstos se habían convertido en un revoltijo de horas que se atropellaban y minutos estancados en los que la espera y la inquietud la desgastaban hasta el agotamiento.

Manuela, con carrilleras en la cintura, igual molía maíz que le tapaba la boca a alguno de los niños para que su llanto no alertara al enemigo. Cavó fosas, detuvo hemorragias, preparaba emplastos con estafiate; calentaba café en botes de lámina y hervía agua con hojas de Santa María para las picaduras de alacrán.

Muchos hombres, despojados de sus tierras y de sus chozas, se unían a ellos. El aroma a pólvora desplazaba al de las flores silvestres. Un recién nacido chillaba junto al cadáver de su madre. Las lluvias les regalaron lodazales y nubes de zancudos. La que enviudaba se unía a otro hombre. Allá los restos de una mula, de una vaca. Ennegrecidos de sol y tierra, los rebeldes avanzaban.

Manuela se talla la cara ahuyentando el sueño. Con el eco del toque de clarín aún sonando en su cabeza, busca a Pánfilo entre la tropa. Pregunta por él: nadie lo ha visto desde el ataque de ayer. Pero son varios los que no han vuelto, "se hallarán esperando parque con el sargento", asevera uno. Aunque sabe que su deber es quedarse, Manuela decide ir a buscarlo. "Seguramente está herido —se dice mientras se aleja—, tan lastimado que ni siquiera puede caminar hasta aquí."

La vista de Manuela vaga por los matorrales, se detiene si descubre alguna planta útil, un sombrero o una cuerda. Separada de Pánfilo, la noche anterior apenas durmió y la fatiga le pesa en los hombros. Al bajar por el barranco, sus ojos se pierden en un cañaveral. El viento silba y un chirrido rítmico, monótono, lo acompaña, recordándole el vaivén del columpio que su padre construyó para ella. Inmóvil, aguza el oído. Unas hojas revolotean y otra vez ese lento vaivén. Se muerde los labios resecos, inclina la cabeza y voltea a la derecha. Se topa con un cedro: de una gran rama, Pánfilo cuelga sin vida.

Cae de rodillas. Un quejido escapa de su garganta. Se aprieta el vientre: pozo donde brota un dolor agudo que se extiende, como lava candente. Su falda se tiñe de sangre. Ahora tendrá que enterrar al padre y al hijo.

Querida tía Luz

Beatriz Rivas

sto no es una carta, ni pretende serlo. Llevo tanto tiempo sin tener noticias suyas, que ni siquiera sabría a dónde enviarla. ¿Al museo?

Desde la última vez que hablamos del tema, muchas preguntas se quedaron sin respuesta. Siempre tuve dudas respecto de su matrimonio con el tío Pancho. Cuando estaban juntos, se veían muy felices. Hoy, sobre todo hoy, siento la necesidad de resolverlas. Acabo de ir a votar. Sí, por primera vez las mujeres pudimos votar: 1953 será un año que pasará a la historia.

Si usted sigue saludable y con la misma energía que la caracterizaba —calculo que andará por los sesenta—, ¿habrá votado? No lo creo. Vivía auténticamente convencida de que la misión de las mujeres era en su casa. A pesar de ser la única esposa legítima de Villa, nunca la escuché meterse en política y, menos aún, hablar sobre los derechos de las mujeres. En realidad, jamás la escuché quejarse de nada.

Güera, échame tu bendición y encomiéndame a Dios, le decía el tío Pancho antes de despedirse. Y usted lo persignaba, le daba un beso cariñoso, le sonreía muy bonito y lo despedía como si fuera un marido normal saliendo a trabajar a la oficina o a una fábrica. Ecuánime, usted lo veía partir con el sombrero en la mano y las botas que recién le había lustrado. Claro, también llevaba sus armas.

A veces no regresaba en mucho tiempo, pero, eso sí, no tardaban en llegarle las noticias de otras mujeres. Con mucha calma y lentamente, para que la letra le saliera clara, anotaba el nuevo nombre en una pequeña libreta verde que escondía en su armario, junto a un crucifijo de plata que había pertenecido a su abuela.

—¿Cómo dices que se llama?

—Petra, señora.

—Petra ¿qué?

—Pos eso no sé informarle.

—Ya tengo a Petra Monarrez —dice Luz, pasando las páginas—. La conoció en 1904. A ella le puso casa en Chihuahua. Hasta su dirección anoté aquí, mira —afirma, ignorando al mensajero— y otra Petra en 1909. No estoy segura si es Vara o Espinoza; la conoció en Parral.

—¡Ay, tía! Qué costumbre tan más rara. ¿Y la de la crucecita?

—María Isabel Campa. Es la mamá de Reynalda. Le puse la cruz pues pasó a mejor vida: murió al caer del caballo aunque, bien a bien, no sé cuándo. Y ésta —me dice señalando el nombre de Martina Torres— también falleció, dejando huérfano al pobre de Juanito.

—¿Ya puedo retirarme? —pregunta el joven, al que habíamos olvidado. Son las once de la mañana y afuera hay una leve neblina que pinta el ambiente de gris.

—¡Dios me ampare! Claro, hijo —y lo despide, dándole una moneda. Después, me sirve otra taza de chocolate y continúa repasando su lista—: Este nombre no lo pases por alto pues un día puede traernos problemas. Dolores Delgado es una impostora. A quien quiera escucharla le dice que es la única legítima. Ve tú a saber qué se trae o qué busca, pero ese lugar no me lo va a quitar nadie. Dicen que su hija, Felícitas, es igualita a mi Pancho.

—No entiendo cómo le soporta tantas infidelidades.

—Escúchame bien, Isabel preciosa, todavía estás joven y no entiendes de estas cosas. Los hombres están hechos de otro material, tienen necesidades distintas. Ya sabes cómo es Pancho. Yo sólo quiero que sea feliz. De joven fue muy pobre y vivió muchas injusticias. Creo que por eso es tan temperamental y, también por eso, es persona de ideales. Cuando nos conocimos, me decía que era un hombre que seguramente había nacido para sufrir. Éste es el único destino que se me ofrece, repetía a cada rato al contarme su vida con mucha tristeza y más coraje.

—Pero ahora...

—Ahora ni si quiera sabe cuánto tiempo va a estar vivo. ¿Imaginas lo que es andar con el miedo de que te metan un tiro en cualquier momento? Cuando está lejos de mí, luchando como siempre ha luchado, ¿cómo voy a prohibirle que otras manos lo consuelen, que otros labios le den ánimo? No puedo, ni quiero, impedir que lo reciban en un lecho caliente para quitarle el frío y el olor a muerte.

—Es que no la entiendo...

—Cada vez que las cosas se ponen feas, me manda al extranjero para protegerme. Eso no lo hace con ninguna. No se cansa de repetirme que soy lo más importante que posee. Lo ha demostrado. Con las demás, sólo se casa por la iglesia pues, según dice, la ley que más nos importa a las mujeres es la de Dios. Pero te voy a decir un secreto: a veces son matrimonios completamente falsos. Le ordena a alguno de sus soldados que se disfrace de cura y... ¡santo remedio! —Luz ríe abiertamente—. Únicamente conmigo se casó ante el juez del registro civil, con la ley del hombre que es la que Pancho respeta. Bueno...

—Por eso mismo debería serle fiel. Sigo sin entenderla, tía.

Luz Corral de Villa se acomoda el peinado: el chongo se inclina levemente hacia el lado izquierdo. Lo endereza. Respira profundo. Abre los labios para decir algo y, en seguida, vuelve a cerrarlos. De su pecho, saca una pequeña fotografía y se la extiende a Isabel.

—Me entenderías si lo hubieras visto como yo lo vi por primera vez, cuando llegó a nuestra tienda, en San Andrés. Ahí estábamos mi mamá y yo, en el mostrador. Mamá hacía las cuentas y yo tejía una chambrita que me habían encargado. De pronto, entró Pancho y le pidió a mi madre que le diera café y azúcar a sus muchachos. Nos asustamos un poco y hasta me temblaba la mano cuando anotaba la mercancía que le íbamos entregando a sus hombres, todos armados, pero quedé fascinada con ese señorón tan bien plantado. "¿Tiene miedo muchachita? No temblaba su mano al estar tejiendo," me expresó. No pude responder nada. Yo tenía la edad que tú tienes ahora, 17 años y, aunque mis ojos siempre fueron chiquitos, en ese momento se me hicieron enormes y brillantes.

—¿Pues cómo era? ¿Ya tenía esos feos bigototes y sus cachetes tan inflados?

—Ándale, Isabel, no te pases —contesta, sonriendo—. Todo me gustó; su presencia entera: era varonil y mandón. Me enamoré en un segundo y decidí enamorarlo. Cada vez que regresaba a comprar algo, le dedicaba una mirada especial. Mi mamá me decía que tuviera cuidado porque era un bandido de Durango, se sabía que había matado a varias personas. Otros, en el pueblo, afirmaban que andaba metido de guerrillero y revolucionario. Unos hasta insinuaban que iba tras nuestras tierras, las tristes tierras que mi madre viuda había heredado. Bien pronto pidió mi mano, pero le advertí que, hasta que no hubiera paz, no podríamos casarnos. Y nos casamos, a lo grande, el 28 de mayo de 1911. Lo acababan de nombrar coronel y estaba bien orgulloso.

—He visto la foto. Usted estaba muy guapa. Me hubiera gustado conocerla desde entonces. Me ha ayudado tanto...

—Me conociste en buena época. Un año antes no habrías visto más que a una mujer encerrada en su habitación, llorando la muerte de su hija. Mi pobre Luz Elena ni siquiera llegó a cumplir dos años. ¿Cómo pudieron atreverse a envenenar a una niña tan chiquita, que no tenía ninguna culpa? —añade murmurando. Aprieta los ojos un instante, como queriendo esconder una lágrima—. No hubiera tenido tiempo para ti, Isabel, ni hubiera podido apoyarte. En cambio, como primera dama de Chihuahua, cuántas cosas organicé y qué orgulloso estaba Pancho de mis logros.

—¿Se acuerda cuando íbamos juntas a repartir alimentos y juguetes? Gozar las sonrisas de los niños me hizo olvidar mis propias penas. Dejé de soñar con mis padres asesinados.

—¿Ves lo que te digo? Las penas se hicieron para dejarlas atrás, así que a cambiar de tema. Vístete, Isabel, que tenemos que hacer las compras. Anda, guarda mi libreta ya sabes en dónde.

—¿Me da permiso de hojearla una última vez? Me impresionan tantos nombres de mujeres, todos juntos. ¿Puedo contarlos? La verdad tía... seis, sigo sin entenderla... doce. Yo moriría de celos... veintidós. No dormiría tranquila imaginando... treinta, a mi hombre en los brazos de otra... treinta y ocho.

—Mira, Isabel, no vuelvo a hablar del tema. Para que te quede claro, siempre he afirmado mi creencia, que es también mi convicción, de que a la mujer no deben importarle los extravíos amatorios del esposo si en el seno del hogar, si en el santuario de su vida misma, la esposa es querida y respetada. Acepto a Pancho tal como es o lo pierdo, y no quiero perderlo. Es un hombre fuera de lo común: no fuma ni bebe. Es sensible, tierno, juguetón, generoso, romántico —afirma cerrando los ojos para evocar su imagen—. Y ahora, dame esa libreta y olvídate de ella.

La última vez que la vi tía, fue cuando Villa cumplió un año de muerto. El día del asesinato ustedes ya no vivían juntos y, tal vez por eso, la noticia le dolió aún más. Afortunadamente, estuve a su lado y pude ayudarla a vivir el duelo. Como siempre, mantuvo la cabeza en alto y no se dejó ganar por la tristeza. Con qué valentía visitó a Obregón para averiguar quién había mandado asesinar a su Pancho y para que la ayudara con lo de la herencia. ¡Qué bien ha llevado su papel de viuda!

Unos meses antes, no recuerdo exactamente cuántos, habíamos dejado la hacienda de Canutillo. Usted nunca dio explicaciones, pero supuse que, finalmente, mi tío había sobrepasado el límite, llevando a Austreberta a vivir con nosotros. ¡Tener a la amante en su propia casa, con la excusa de que era una magnífica costurera! Eso fue el colmo. Peor aún cuando usted, generosamente, había recibido a los hijos del general Villa; él deseaba que se conocieran y convivieran. Reconozco que era un buen padre, magnífico proveedor, siempre atento a las necesidades de los chamacos. Quería que se educaran en la misma escuela, la escuela que él planeaba fundar. Unos llegaron con algún familiar y hasta con sus madres. Varios nombres, que tantas veces vi en la libreta verde, desfilaron por la puerta: Octavio, hijo de Guadalupe Coss; Juana María, hija de Juana Torres; Antonio, hijo de Soledad, Samuelito y varios más. Reynalda, Micaela, Celia y Agustín, entre otros, desde hacía tiempo que estaban con nosotras. Todos recibían cama, comida, educación y hasta palabras cariñosas. Las mamás la respetaban. Doña Lucita, le decían; admirando su título de legítima esposa ante la ley y ante Dios. Para mi sorpresa, la convivencia era armónica, mas todo se echó a perder el día que llegó Austreberta al seno del hogar que usted había sabido mantener unido. Por eso nos fuimos a vivir con su cuñada Martina, ¿cierto? En fin... mejor dejo de recordar lo malo y la evoco como mujer digna, guardando sus pertenencias sin gritos, reclamaciones, lágrimas ni escenas.

Nunca se arrepintió de haberse separado de Villa... hasta que lo mataron. En el fondo, usted estaba convencida de que él terminaría por regresar a su lado, a donde verdaderamente pertenecía.

Pero en cuanto se repuso de la terrible noticia, decidió dedicar el resto de su vida a la memoria del hombre al que tanto quiso y que tantísimo la adoró: usted fue su gran amor. Al principio se opuso y luego le encantó mi idea de exponer lo que había pertenecido al Centauro del Norte para que todos sus admiradores pudieran verlo. Recuerdo bien con qué amor limpió el juego de rasurar, sus machetes y sombreros, organizó las fotografías, arregló la pianola, desempolvó la guitarra que él le había regalado al principio de su matrimonio, comenzó a archivar documentos, mandó barnizar su escritorio e hizo trasladar todo a la sala de música y al despacho.

El último día que la vi, fue el más triste de todos. Le aseguro, como lo juré mil veces en esa ocasión, que la vieja carta de amor que encontró entre las demás, no es mía. No es mi letra, no es mi firma, no son mis palabras. ¿Acaso no hay más Isabeles en el mundo? Espero que, después de tanto tiempo, pueda creerme.

Si ahora le escribo sin escribirle, querida tía Luz, no es para aclarar tan amargo asunto, es nada más para preguntarle si todavía tiene la libreta verde; tal vez la conserve entre los muchos objetos del museo. ¿Sabe? Ya cumplí cuarenta. Cuando me vi obligada a dejar la Quinta Luz, logré estudiar teneduría de libros y conseguí un buen empleo.

Me enamoré dos veces. Me casé con un hombre trabajador y de buenas intenciones; le gustaría conocerlo. Tenemos cuatro hijos: la mayor se llama Luz y al menor, el único hombre, le decimos Pancho. Yo quisiera trabajar aunque a mi esposo no le convence la idea. "Suficiente tienes como ama de casa y madre de familia", me dice, y lo acepto. Hoy, que fui a votar, lo hice a escondidas, pues temo que se moleste, pero es un buen hombre, créalo. En mi casa me quiere y respeta. Fuera de ella, no tanto. Por eso, necesito la libreta. Ojalá pueda enviármela, si todavía tiene páginas en blanco. No sabe cuánto me serviría.

Mamá Cuca

Ana Díaz Sesma

Ni siquiera sé por donde comenzar, ni qué decir a toda esta gente importante, con un titipuchal de medallas en sus uniformes. Mejor que me bajen de la tarima y me regresen al hospital. Me siento mono en jaula con tanta mirada puesta en mí. Además, pos ni que fuera pa' tanto. Yo sólo hice lo que tenía que hacer. Como cuando me llevaron a aquel pobre diablo, más muerto que vivo. *Naiden* le daba mucho tiempo de vida cuando lo trajeron al campamento. Parecía un Santo Cristo con la cara destrozada por un balazo en el cachete y parte de la boca, durante un combate contra villistas. Hasta alguien de la tropa comentó que sería más cristiano pegarle un tiro en la cabeza, antes de que el infeliz se muriera de hambre, pues no podía ni despegar la boca pa' comer. Pero no hubo ningún valiente que se atreviera a apretar el gatillo contra el recién llegado. El coronel, encargado del campamento, me pidió que mejor dedicara todas mis *juerzas* a cuidar de los demás heridos. No obedecí. Si hasta los perros sarnosos merecen compasión, ¿cómo abandonar a su suerte a aquel moribundo? Entonces yo, con más enjundia, me dediqué a él. Le di mi petate para que la humedad no le calara los huesos; le espantaba a las moscas que se paraban en sus heridas, que limpié con agua a falta de alcohol, pero sobre todo, me enterqué en que ese infeliz comiera. ¡Ah, cómo me dio batalla el desgraciado! Primero traté de darle frijol o chile, como al resto de la turba, pero como ni siquiera podía despegar los labios, intenté darle calditos. Al principio todo se le escurría por la barba. Tal vez cualquiera otra se hubiera dado por vencida, pero yo creo que, por este carácter de mula necia con el que nací, me empeciné en que el hombre viviera. Una noche le metí pulque con una jeringa. El muy canijo se pasó todo el líquido de un trago.

Los jeringazos de pulque, combinados con caldo de pollo, frijol, café, atole o lo que hubiera, impidieron que se petateara. Pasaron los días, y aunque ya lo veía un poquito más mejor, todavía daba lástima. Probé darle una papilla de calabaza que yo misma preparé. ¡Ay, Refugitos! decían algunos de los otros enfermos, si hasta pareciera que ese desgraciado fuera su hijo. ¡Cómo va a ser, pendejos, si está más viejo que yo! les respondía sin hacerles mucho caso. En ese entonces, ya no era una chamaca, estaba a punto de entrar en los treinta y cinco, pero por la vida dura que había llevado o por mi modo de hablar recio, algunos pensaban que tenía más años. Y no sé quién fue al pelado que se le ocurrió, pero desde ese momento, me empezaron a llamar Mamá Cuca, los jijos de la fregada. En fin, regresando a la mentada papilla, mi protegido apenas pudo despegar los labios al probarla. Adiviné su dolor porque cerró con *juerzas* sus ojos del color de la tierra mojada. Ni un quejido ni una lágrima. Se aguantó como los machos que no lloran, menos enfrente de una mujer. Por fin, tragó. Aunque no me gusta reír, aquella vez lo hice sin que me importara mostrar ni mi contento ni mi dentadura chimuela. El Milagritos, como empezaban a llamarlo por seguir vivo, sacó con mucho trabajo el brazo de adentro de la manta y me tocó con sus dedos de uñas negras como un gesto de agradecimiento. Estuve a punto de gritar al reconocer la cicatriz en su mano, que los años nunca borraron de mi memoria.

Entonces, mis pensamientos se fueron muy lejos, a un tiempo que yo creía olvidado, cuando vivía en aquel jacal con el Juancho y nuestros tres hijos. Una tarde, mi marido regresó de las tierras del patrón con mucha calentura, que intenté bajar con hojas de maíz mojadas en vinagre sobre su frente. La fiebre no cedía. Desesperada, salí en busca de ayuda. Atravesé algunos sembradíos. Quería llegar al pueblo en busca del boticario. Empezaba a oscurecer y aún faltaban horas para llegar, cuando vi una carreta *cercas*. Le grité tanto, que el cochero se detuvo. Le supliqué que me llevara al pueblo, explicándole mi urgencia. Él dijo que no cruzaba Ojo de Agua, pues iba hasta los aserraderos del patrón. Ya se iba, cuando me agarré como alimaña a su brazo, pidiéndole que, aunque sea, me acercara. Pero el muy cabrón, me dio un manotazo para zafarse de mí, antes de seguir su camino. Nunca olvidé esas manotas, ni la cicatriz con forma de serpiente en una de ellas. Tampoco imaginé que el destino nos volvería a juntar. En esos momentos, comprobé que el tiempo me hacía justicia. La vida de ese perro dependía sólo de mí. Lo podía abandonar a su suerte. Al fin y al cabo, ¿a quién le preocupaba ese miserable?

Pero, ¿para qué le sigo dando vueltas a ese asunto si hay gente tan importante esperando que yo diga unas palabras? Toco la medalla con mi nombre completo que cuelga en mi pecho: Refugio Estévez Reyes, que el presidente Carranza me entregó hace apenas unos minutos, al ser nombrada la primera enfermera militar en el país. Qué vergüenza sentí cuando don Venustiano alabó mi esfuerzo y habló de todos esos combatientes que durante la Revolución se salvaron por mis cuidados, aunque yo ni siquiera sabía poner una inyección cuando llegué a ayudar a los campamentos de heridos. Fue hasta ya vieja que estudié y saqué mi grado de enfermera, aunque todo lo había aprendido en el campo de batalla. No quiero ni levantar los ojos y ver a todos estos doctores, tenientes y generales que siguen esperando a que hable. No tengo nada qué decir. Repito que yo sólo cumplí con mi obligación. Tal vez por eso seguí alimentando al muy jijo de puta del Milagritos.

Antonieta y sus dos cuentos

María Teresa Gérard

Querido Pablo,

Cambié de idea. Decidí reestructurar el cuento después de la última conversación que tuvimos. Volveré a empezar guiada por la impresión que me causa saber que Antonieta experimentó con todos los recursos de la inteligencia que le fue dada y vivió los delirios de una soledad alucinante que la condujeron al suicidio. Una soledad que ella misma calificó como poblada de realizaciones, fruto de su patética libertad. Su biografía está hecha de excesos, bien decía que *"uno de los pecados mexicanos es la falta de curiosidad."* Todo parece indicar que era una voluntad que no podía ni imaginaba rendirse y lo hizo. Se rindió. Me intriga la precariedad de su temperamento y su fuerza; me admira su obsesión por el trabajo, su apasionamiento. Me cuesta trabajo aceptar que, en su mirada triste y melancólica, se distinguía irrevocablemente el germen que la llevó a levantar la mano contra sí misma. Volví a leer algunas de las cartas que le escribió a Manuel Rodríguez Lozano y la encontré compleja, cambiante, clara, sorprendentemente singular, obsesiva. Su amor roza la exactitud y la belleza. El tono de su pensamiento es educado, a ratos demasiado clarividente, autocrítico y desesperanzado. Enamorada hasta la médula como estaba de Manuel, prometió la castidad que él puso como condición para su relación. Vivió, sin embargo, asediada sin saber cómo escapar a su naturaleza pasional. La siento como un haz de luz que nos envuelve a todos en el engaño de las apariencias. Sorprenden sus actitudes vitales en ese México en el que las mujeres carecían de voz. Más leo sus cartas, más me da la idea de una resistencia, resistencia a no dejarse vencer por sus demonios. Su muerte la convirtió en mito, en reliquia exótica, pero su vida pone de manifiesto una singularidad irreductible, un sabor y un perfil de mujer únicos. Probablemente su discreción, su afán por participar desde la inteligencia y su suavidad inflexible sea lo que quede patente en el cuento que apenas empiezo. Tengo la impresión de que siempre caminó sola entre los hombres, rodeada de ilustres, como lo fueron, por diversas razones, todos aquellos con los cuales convivió. Alta, distinguida, rica y culta, dicen que su elegancia era referencia entre quienes la conocían. Vagó libremente por una amplia gama de quehaceres que ocuparon su curiosidad; pero, más que ninguna otra cosa, me interesan sus escritos. Quiso escribir con la verdad. La verdad que se lleva dentro y la suya, inconclusa y saturada de intuiciones, se la llevó a la tumba sin contarla.

Anoche me quedé viendo sus retratos alrededor de una hora. Encuentro una amabilidad inexplicable en su mirada, una cierta complacencia inquietante; una alegría distante y fría como aquella que surge de la sabiduría pura, y sin embargo, hay en esos ojos dolor y súplica. Invita a asomarse a ella. Se asoma uno y encuentra hechos, logros, méritos y, en realidad, nada de Antonieta. Ella está protegida detrás de todo lo que hizo y orquestó, como si lo hubiese hecho a propósito, hacer y hacer para esconderse. Esa es la impresión que ahora me produce. Entre más leo acerca de su vida, menos sé de ella, me alejo de su verdadero yo, de lo que conoció, aprendió y la condujo a querer —sobre de todas las cosas— buscar la muerte.

Veremos qué sale, va en camino, horneándose en mi cabeza un segundo intento. La tentación de imaginarla diciendo esto o aquello, cedió. Sólo el "¡Se llamará Ulises!" quedará. Si acaso eso. Aún estoy por decidir si ése sería un buen inicio como habíamos comentado en su momento. En cuanto tenga las primeras cuartillas te las hago llegar. Suerte con lo tuyo y felices fiestas.

Elvira.

Llevaba días juntándome con Pablo para platicar acerca de los avances del cuento y la vida de Antonieta Rivas Mercado, una controvertida promotora cultural vinculada a una etapa fundamental de la historia de México. Hija predilecta del arquitecto Antonio Rivas Mercado, muy joven se despejó de los consabidos convencionalismos de su tiempo para relacionarse con intelectuales y artistas destacados como Diego Rivera, Manuel Rodríguez Lozano, Carlos Chávez y José Vasconcelos. Su reconocido mecenazgo alcanzó las más diversas manifestaciones artísticas del México posrevolucionario y dan cuenta de la notable trayectoria de una mujer apasionada que tiñó con su generosidad, tutela e inteligencia el primer tercio del siglo xx de nuestra nación.

Esa primera versión que escribí empezaba con ella diciendo: "¡Se llamará Ulises!" La imaginaba sentada junto a Rodríguez Lozano, Villaurrutia y Salvador Novo, Gilberto Owen de pie, fumando, recargado en el arco de la puerta, Samuel Ramos secundando su idea, Manuel y Malú Cabrera llegando tarde para celebrar la noticia. Ella era la encargada de informarle a Gorostiza de la decisión. Me divertía hacerla pronunciar: "¡El teatro se llamará Ulises, luego la revista y lo que venga!" Antonieta hablaba, porque yo la hacía decir cosas. Y así empecé puesto que admiraba lo mucho que vino tras del Ulises: una comunidad que transformó el avance cultural de nuestra patria. El entusiasmo de Antonieta fue definitivo y devino factor de impulso y cambio en el notable grupo de artistas que frecuentaba. Tradujo obras de Gide y Shaw, actuó y patrocinó otras tantas traducciones y puestas en escena bajo las plumas y talentos de amigos, un grupo conocido con el nombre de Contemporáneos. Pablo insistía en la importancia de mencionar a todos. "No olvides a Bernardo Ortiz de Montellano, me decía, "México sería otro sin sus traducciones de T.S Eliot y Joyce." "Jorge Cuesta —chaparrita—, no olvides decir algo acerca de él y, si puedes incluir que a Carlos Pellicer le llamaban *El melenudo,* mejor." "Tú cuenta todo, cómo conoció a Diego siendo alumno de su padre en la Academia de San Carlos, a Orozco, a Tablada, su amistad con Tina Modotti y no olvides decir que fue amiga cercana de García Lorca." Colgaba sólo para llamarme minutos después y sugerir mencionar a Andrés Henestrosa y lo contenta que estuvo Antonieta dándole asilo al joven zapoteca durante un año en su casa. "¡Te imaginas lo que Andrés pudo conversar con ella! ¡Delicias mujer, delicias!" y volvía a colgar. "Recuerda mencionar la adaptación y traducción que hizo al inglés de *Los de abajo*, de Azuela y..." Pablo deseaba un recuento de todas y cada una de sus hazañas y amistades. Ese cuento dejaba claro que Antonieta fue un eslabón que permitió dar el brinco de la era porfiriana hacia la modernidad que México reclamaba. Mi primer impulso fue ése, resaltar sus logros, apartarla del papel tradicional de mecenas. Otras mujeres pudientes en su tiempo contribuyeron a la cultura con dinero, pero Antonieta era diferente.

Saberla nacida en 1900, con una infancia privilegiada, una juventud marcada por la revolución, los viajes y un padre excepcional, describirla transformada en editora, traductora, promotora artística, actriz, esposa, amiga y amante, me decía poco. México se benefició con cada uno de sus encuentros. "Sí, Pablo, yo sé, su portentosa energía benditamente corrompió el rumbo cultural de nuestra Patria. Sin embargo, hay algo desesperado en su vida que me intriga. Algo indescriptible que deja transparentar una lucha personal intestina que la orientó más a lo íntimo que a lo público, a la expansión de su sensibilidad, a buscar conocimientos poco convencionales y eso quisiera resaltar."

Pablo buscaba los logros, fracasos, traiciones, muertes y decepciones. Eran la receta perfecta para validar la elección de Antonieta por el suicidio a los treinta años. "La cosa estaba clara —afirmaba—. Rechazada por su madre desde pequeña, el suicidio de su querida prima Beba, un mal matrimonio, el desamor, la ingratitud, sus depresiones y el exilio, eran el escenario lógico para su final trágico. Por mucho menos que eso conozco a varias que se hubiesen aventado por la ventana", murmuraba tranquilo. Yo, en cambio, veía en ella un genio inmaduro y silvestre, sentía la maldición de su espíritu analítico y la fuerza de sus quereres. Admiraba sus obsesiones, su extraordinaria intensidad llena de inadecuación sentimental, enredada de modo inextricable en un amor no consumado que probablemente la consumió a ella. Me interesaba alejarla del estereotipo del frenesí amoroso con final sobrecogedor que otros insistían en recalcar. Buscaba entender cómo construyó ese espacio de diálogo epistolar, solicitándole a Manuel una guía para sus sentimientos e inquietudes, contentándose con fragmentos sublimados de aquel hombre del cual estaba perdidamente enamorada. Antonieta escribía para esa presencia siempre en ausencia que era Rodríguez Lozano para ella, dándome la impresión de que se hablaba en voz alta. Cartas que me asomaban a sus transformaciones más profundas, al rumor de su vida. La veía presentándose para la memoria de quienes más adelante hablaríamos de ella. Sus escritos contenían la historia del duro y feroz juicio que hacía de sí misma; dejando ver su sentido del humor, su lacerante ironía. Cartas y apuntes sin fecha, escritas a lápiz que dejaban ver sus incapacidades, miedos y tropiezos, juicios certeros y sus luchas internas sin acomodo armónico para poder rechazar la idea de que su verdadero lugar era la muerte y ser leyenda. Impulsos oscuros y opuestos guiaban sus pasos y los míos, sus ideas y convicciones necesitaban de la mano y el aliento de quien ella afirmó, le había revelado la verdad de la belleza, el bien y la vida. Pablo insistía en que le entregó el mando de su vida a Rodríguez Lozano mientras que su cuerpo fue para Vasconcelos.

Seguí engrosando ese primer cuento sin escatimar en detalles. Aparecía en toda su amplitud la generosidad de su mecenazgo, su inteligencia crítica y el auténtico interés que tuvo por realizar una labor de promoción cultural no sólo en México, sino en el extranjero. Pagaba sueldos, rentas, becas, organizaba exposiciones y patronatos. Esfuerzos y logros que no se limitaron al teatro Ulises, a la revista *Contemporáneos* y a la renovación de la Orquesta Sinfónica de México de Carlos Chávez. Mencionaba el fomento que hizo a la lectura de Joyce, Pirandello y muchos otros. Aparecían las obras que tradujo, sus primeros y novedosos ensayos acerca de la condición de la mujer en México, los manuscritos que editó, las reseñas que redactó, incluyendo su proyecto de novela ya instalada en París.

Narraba cómo sucedió lo que tenía que suceder. El vínculo de Antonieta con Vasconcelos. La historia de ese amor que desembocaría en tragedia. Vasconcelos aparecía, primero, como secretario de Educación bajo el mandato de Obregón y, tras su asesinato, un José contendiendo en la campaña presidencial contra el aparato político del callismo de la mano de Antonieta, arrastrando, consigo, a una juventud deseosa de cambios y que veía en él a un héroe que los guiaría a la democracia. Antonieta se sumó al proyecto vasconcelista y viajó junto a José para hacer la crónica de la gira.

Creyó firmemente en la posibilidad de modificar la realidad de México mediante la puesta en práctica de las medidas político humanistas que Vasconcelos promovía en campaña. Escribió algunas crónicas notables durante esos meses, admirada y seducida, como estaba, por la inteligencia de José. Sin embargo, la victoria del maximato con la imposición de Ortiz Rubio en la

presidencia, obligaron a Vasconcelos y a Antonieta a salir exilia-
dos. Cada uno tomó rumbo distinto y no volvieron a verse sino
meses más adelante. Eran, para entonces, otros. Vasconcelos,
un hombre derrotado, dedicado a dar conferencias y sumergido
en la fiebre de un proyecto de revista que llevaría el nombre de
Antorcha.

Una publicación acusadora, producto del profundo resentimiento y la amargura que embargó al héroe filósofo abatido
meses atrás. Ella, con crisis nerviosas recurrentes, autoexiliada,
sin dinero, lo había perdido casi todo. Finalmente, reunidos en
París, víctimas del agotamiento autoimpuesto por largas jornadas de trabajo para sacar la revista adelante, se acercaron a
lo que fue un callejón sin salida para Antonieta. El azar le cerró
puertas hasta imaginarse no cabiendo en este mundo.

Pablo estaba convencido de que ese último rechazo de parte
de Vasconcelos, el ofrecimiento hecho a Antonieta para pagarle
el billete de regreso a México para pelear el divorcio que tanto anhelaba obtener y entregar a su único hijo al padre, detonó
la tragedia. Según él, Antonieta no soportó escuchar que no la
necesitaba. Bastó para que le robara su pistola y se diera, al día
siguiente, un tiro en el corazón, arrodillada frente a un Cristo en
la catedral de Notre Dame. Tristemente las certezas de Pablo no
eran las mías. Me sentía incómoda con esa versión de su vida,
con el simple recuento de las notables personalidades que se
cruzaron en su camino. Ese listado de logros y amistades me

parecían poca cosa para describir una vida tan compleja y fasci-
nante como la suya.

Me volví a reunir con Pablo para platicar acerca de mi inco-
modidad.

—Quedó bien —chaparrita—, me gusta y la presentas como
la señora erudita, soberana, heroína y víctima que fue. ¿Qué te
preocupa?

—Todo —le contesté—, toda ella. Ahí no está Antonieta.
Ahí está su mito, su leyenda, pero no está ella y es ella la que
me interesa. Su sentir, sus dudas, su lucha interior, verla perder inexplicablemente la batalla. Sospechaba que Vasconcelos
supo desde siempre que Antonieta reservó lo más íntimo y va-
lioso de su espíritu para Manuel. Ella se hizo por ese gran amor
a Rodríguez Lozano y la imposibilidad de consumarlo templó
su carácter, engrandeció su nobleza, su generosidad. Sin él
y sus consejos, quedaba a la deriva. De lo último que escribió
fue una carta dirigida a Manuel. En ella relataba y agradecía
que le había enseñado a trabajar, a ver, a ser. Reiterándole que
nada había más moderno, justo, hondo y real que un Rodríguez
Lozano.

—¿Y cómo te explicas, Elvira, que no lo menciona en esa última entrada que hizo en su diario, ya habiendo decidido la forma
y el lugar para suicidarse? No te hagas pelotas, deja el cuento
por la paz. Quedó.

Era verdad, en esas últimas frases de su diario sólo aparecen Vasconcelos, la preocupación por Toñito, su hijo, y la mención a Pani, el entonces embajador de México en París.

Sumergida en dudas y aún más confundida tras la conversación con Pablo, regresé a casa. ¿Por qué no lo menciona? ¿Por qué a Vasconcelos, sí? ¿Por qué muere con la esperanza de que José la llevará para siempre en el corazón sin mencionar a Rodríguez Lozano? Y fue entonces que decidí empezar de nuevo. Me vino a la mente lo afortunada que fue y pude descansar yo también. Antonieta hizo y deshizo con una libertad poco común, incluso para nuestros días, y tuvo la fortuna de conocer el amor. Un amor que permitió el silencio que da la certeza, el que se lleva en el corazón y no requiere explicaciones ni ajustes de cuentas. El amor que simplemente se sabe y se agradece. El que no se toca, no se explica.

Vuelvo a empezar entonces. Será otra Antonieta. La que yo imagino. La Antonieta que escribió por necesidad. La que sus amigos prefirieron querer más que juzgar. Una Antonieta compleja y partida en dos. La que levantó, inexplicablemente, la mano sobre sí misma.

Heroínas fantasmales

María Teresa Gérard

—¿Y qué tiene que ver Quevedo en todo esto?

—Todo y nada —contesté—, es simplemente una promesa que hice hace muchos años y se dio la oportunidad de cumplirla.

—Tú sabrás Irene. A fin de cuentas, el ensayo es de tu abuela.

HEROINAS FANTASMALES, ARROJO ANÓNIMO, QUEVEDO Y LAS MUJERES

Parecieran pocas las que alimentaron voces libertadoras o transgredieron los usos y costumbres de su época para participar con su inteligencia, recursos y astucia, en el movimiento de independencia de nuestra nación. Sólo un puñado de esos seres excepcionales ha llegado hasta nuestros días con el reconocimiento merecido en los anales de la historia. Sin embargo, existieron otras que, sin ser distinguidas o ilustradas, asumieron el compromiso que los tiempos reclamaban. Resolvían para engrandecer a sus hombres, aquéllos que lucharon para alejar las manos llenas de codicia que dirigían a su amada tierra. Muchas fueron las faldas que expusieron sus vidas desde el anonimato. Consolaron en horizontes que rebasaron la locura, la crueldad y la fantasía que condujeran a México a convertirse en la República que hoy conocemos. Todas dejaron una historia de amor en el camino que resuena humana, llena de ideales y compromisos con una libertad, que incluso hoy, millones aún no respiran. Nada ni nadie ha de negar los merecimientos que debemos a esa masa anónima femenina que facilitó el difícil tránsito desde una entrega incondicional, una voluntad férrea y un espíritu patriótico. Por ello, inicio mi historia contando la de ellas, el asombro que me causan, el respeto que me infunden...

Así empieza el último ensayo de mi abuela Teresa que saldrá publicado este mes. Desde que yo era pequeña, se dio a la tarea de rendir tributo a esos seres fantasmales que tanto admiraba, aquéllas que ocuparon gran parte del asombro que tuvo por la vida y a las cuales dedicó sus horas de vigilia. Ella, como otras de su tiempo, se casó joven con un hombre que le doblaba la edad, un Emilio Paredes con quién tuvo como única hija a mi madre. Su marido fue un conocido abogado de la época, lleno de exigencias y convicciones democráticas que lo sumergían en una enfermiza relación con su oficio de magistrado. Ésa y otras razones hacían que no tuviese ojos para su esposa, mucho menos orejas, comprensión o caricias. Teresa y todos sus encantos escasamente lograban hacerse oír de él. Poco unía a esas dos almas fuera del respeto al sacramento, una devoción desmesurada por las chalupas y una hija, Esther. Y aún así, con tan poquito, mi abuela supo hacerle casa a don Emilio, como todas nos referíamos a él.

Mi abuela dedicó su vida a rescatar voces olvidadas. La acompañé en la belleza de los muchos relatos y versos que conocía y recitaba, en estribillos entonados con dulzura de canciones hoy perdidas, en la rabia y en las palabras de aliento que siempre encontraba para consolar mujeres, para celebrarlas y recordarlas. Entonaba canciones como *Carmen Carmela*, *María Reducinda*, aires nacionales que le gustaban, o tarareaba *Perjura*, inspirada por un amor, no muy casto ni puro, según me contaba. Eran las clases populares, las campesinas, los espacios de sus modestas habitaciones, los que más le llamaban la atención. Me gustaba escuchar sus relatos. Con el tiempo, supe que todo lo que me decía no eran cuentos, sino duras verdades de nuestra patria. Conocía al dedillo a sor Juana, a doña Josefa Ortiz de Domínguez, y se remontaba a menudo, a la Malinche y aún más atrás, a la que convirtieron en serpiente por desobediente, a la que salió de una costilla y que, por curiosa, perdió para siempre el paraíso en el cual habitaba. Dio, a lo largo de su vida, conferencias donde asentaba que Antonieta Rivas Mercado, Griselda Álvarez, María Lavalle, Rosario Castellanos y tantas más, eran hijas de aquellas voces anónimas que abrieron espacios con sus penurias para nutrir, más adelante, las creaciones de otras. Todas, decía, surgían de una conciencia nebulosa, informe y femenina que acompañó, parió hijos en el frente, consoló en lechos de petate, sacó adelante familias, para que todo lo demás fuera posible. Lo hicieron indistintamente: sirviendo a arrieros, cocinando, lavando ropa, dando aliento a sus amantes, ofreciendo compañía a sabios, visionarios, soldados, léperos y hasta clérigos, para cambiar el rumbo, no sólo político y social de nuestra nación sino, de paso, transformando el desarrollo culinario de la patria en el camino. Mujeres, algunas, que se atrevieron a hacer de sí mismas, de su destino y de su género algo más que un hogar y una familia. La mayoría eran hembras iletradas, como las llamaba mi abuelo, pero, aun así, supieron colorear de cotidianidad amable la barbarie de toda nación en ciernes. Teresa se admiraba de cómo prestaban el calor de su piel y era al mencionar a *las olvidadas* cuando fluía con más elocuencia su voz. Las aguadoras, chieras, chaluperas, las *Chinas del tiempo* como le gustaba llamarlas, hacían girar su aliento y deslizar su pluma hacia la comprensión y la admiración. Amanecían y atendían sobre pisos de tierra apisonada a hombres que sólo borrachos o dormidos se les olvidaba lo jodidos que estaban. Mi abuela las sabía sumergidas desde siempre en braseros de barro coronados de ollas hirvientes, rodeadas de escuincles que salían, sin reposo, de sus generosas entrañas. Envueltas en desencanto y maltrato, siempre seguían adelante. Todas esas voces y rostros sin palabras la hacían suspirar.

Pasé tardes enteras escuchando a Teresa describir cómo Luisa Martínez peleó junto a su marido y, tras caer presa, fue fusilada como era entonces la costumbre. Hablaba con orgullo de las que por su valentía, como Alta Gracia Mercado, el coronel encargado de su fusilamiento la dejó en libertad argumentando que, mujeres como aquélla, no debían morir. Platicaba de María Soto de la Marina, quien ayudó a las tropas del general Francisco Mina arriesgando su pellejo. Narraba conmovida cómo cruzó, entre balas enemigas, una y otra vez el río, en busca de agua para saciar la sed de los soldados. Mencionaba orgullosa a Leona Vicario quien, llevada a juicio y amenazada de muerte, jamás delató la ubicación ni los planes de los Insurgentes, con los cuales simpatizaba.

Las había espías, recaderas, varias que apoyaron con dinero y víveres, muchas que cantaron y zapatearon un jarabe para alegrar en tenderetes improvisados; otras que, con actitud de médico razonable, aplicaban el "si con atolito el enfermo va sanando, atolito vámosle dando". Muchas que ni el español hablaban y simplemente resolvían. Las que por intuición supieron que "o todos coludos o todos rabones", poblaban sus renglones y mis tardes de infancia. Guiada por un modo de vivir que anhelaba reconocer, mi abuela plasmó la admiración hacia ese pueblo generoso que era el suyo y sus mujeres.

La mayoría de los escritos de mi abuela ponen énfasis en mujeres objeto y, pocas veces, sujeto, quienes lucharon en guerras tan intestinas como lo fue la Revolución de 1910, gestando en el camino una lucha paralela y casi tan compleja como la de su patria para fundar espacios *por y para ellas.* Sólo algunas, decía con pena en el alma, lograron capitalizar la apertura que surgió de esos enfrentamientos que diezmaron a la población. Constreñidas por las marcadas diferencias sociales entre hombres y mujeres, algunas cobraron conciencia de su condición y cambiaron su forma de ver y andar por el mundo. Las que, como mi abuela, tuvieron la suerte de crecer a la par del nuevo México, acompañando la modernidad que llegó para encimarse sobre las tradiciones de su turbulenta patria.

Aunque le gustaba compartir todo aquello, más bien festejó en silencio y acompañada de su pluma el que, poco a poco, mujeres despertaron para acomodarse con inteligencia en el restrictivo esquema que imperó en su tiempo. Celebró cuando conocidas suyas abandonaron la domesticidad como virtud ejemplar, dejando atrás el ideal de sumisión y paciencia para adquirir igualdad legal y derechos como cualquier otro ciudadano. "La libertad se paga caro", solía decir, "pero vale la pena."

Sabía de sobra que el movimiento hacia la libertad cojeaba aún de su pata femenina cuando enviudó y tardaría en llegar, si acaso llegaba algún día, a todas aquellas mujeres que describía en sus artículos. Celebraba, no obstante, cada uno de esos logros y batallas como si de la independencia misma se tratará. Llena de asombro, lo contó, imaginando sus inquietudes y sumando las suyas en sus renglones. Mujeres que, como ella, nacieron en los tiempos en que la Revolución se enfriaba, que crecieron a la sombra del maximato y del cardenismo y florecieron junto con el milagro mexicano. Solía decir que el espíritu se transmite por la palabra, vive en la palabra y en la música popular. Nada me parece hoy más cierto y tuvo la suerte de compartir su tiempo cerca de novelistas, poetas, ensayistas, críticas literarias e investigadoras. Mujeres que se hicieron de una voz para compensar a las miles y miles que no la tenían.

Soy editora y, por azares de la vida, selecciono los textos que saldrán publicados. Mi abuela murió hace 20 años y estuve metida durante semanas en sus papeles y artículos releyendo los ensayos que escribió en su momento. Las anécdotas de mi infancia cobraban amplitud plasmadas en el papel. Daba la impresión de que Teresa *era* en esas cuartillas. Ahí encontró un lugar para estar cómoda en el mundo. Murió sin distinguirse en el género narrativo, pero su labor como investigadora fue reconocida con un premio nacional. Elegí ese ensayo por ser el último que escribió. Recuerdo que, poco antes de morir, me hizo prometerle que nunca olvidaría que muchas mujeres todavía merodeaban sin voz en este país. Es cierto, a doscientos años de celebrarse la Independencia, siguen caminando millones en una cotidianidad sin conocer la propia. Según contaba, fue Quevedo el que la inspiró para escribir. Sonreí recordando aquel verso que tanto le gustaba o, más bien, *su* versión del verso, porque tuvo a bien corregir al gran poeta para que fuese una mujer la ahí mencionada. "Así suena más bonito", decía y, probablemente, sea más cierto:

Escucho sorda y reconozco ciega
Descanso trabajando y hablo muda,
humilde aguardo y sin embargo, me dicen
que con soberbia pido me expliquen
la causa de mi continuo desamparo.

Quevedo tenía que estar presente. ¿Dónde? En el título, acompañando a las mujeres que mi abuela tanto admiró. Quevedo y sus heroínas fantasmales coincidían, finalmente, en un solo renglón.

El taller **Monte Tauro** se derivó, hace unos cinco años, del curso-taller El arte de la narración iniciado en la Universidad Iberoamericana en 1995, bajo la dirección de Miguel Cossío Woodward. El grupo está formado por escritores que han asumido un compromiso decidido con la literatura. Están convencidos de que estas reuniones mejoran sus trabajos y los enriquecen como profesionales y como personas.

Adriana Abdó

(Ciudad de México, 1963)

Es egresada del Liceo Franco-Mexicano. Ha tomado cursos de redacción, literatura latinoamericana y análisis político en la Universidad del Claustro de sor Juana; de filosofía y literatura en la Universidad Iberoamericana y en el taller de la doctora Marcela Lagarde. De Historia de México, en el Colegio de México y de dramaturgia, en el CNA, con el maestro Hugo Argüelles.

Ha colaborado en medios, en columnas políticas. Es editora de la revista *Sentidos en Equilibrio* y lleva a cabo entrevistas para la gaceta *Racines françaises*. Se han puesto en escena sus obras: *Algo más oscuro que el amor*, foro Luces de bohemia, 2000; *Por mi madre*, El bataclán, 2003 y Café 22, 2008. *La catrina de pasada...*, El bataclán, 2004, foro Shakespeare, 2005; *Intimatum*, 2006.

Bertha Balestra

(Ciudad de México, 1955)

Egresada del Colegio Francés del Pedregal y de la Universidad Iberoamericana. Ha realizado estudios de historia y literatura en diversas instituciones. Es cronista de Metepec desde 2001. Colabora en diarios y en radio mexiquense. Entre sus novelas están: *Donde la niebla se extiende, Por eso vivo penando, El pez de alabastro, Sombras en el muro, Fuera de cauce* y *Con una sola mirada tuya*, con la que obtuvo la mención Juan Rulfo para primera novela. Ha publicado también obras históricas sobre Metepec: *Metepec, de villa a ciudad, La capilla del Calvario de Metepec, más que un templo*, además de más de cien artículos sobre fiestas, tradiciones e historia de Metepec, publicados en prensa. Es también autora del poemario *Rescoldos* y la colección de cuentos *Las mil y una horas.*

Erma Cárdenas

Es egresada de las universidades Laval, La Salle e Iberoamericana. Estudió periodismo y varios diplomados. Se dedicó a la
docencia, la traducción y escribió artículos para revista y guio-
nes para telenovela; entre ellos, *La recogida*. Más tarde, cambió
todas estas actividades por la literatura. Ha publicado *El canto
de la serpiente, Mi vasallo más fiel* y *Como yo te he querido*, con
el que obtuvo el premio Demac 2007-2008. Obtuvo, asimismo,
el premio nacional de novela José Rubén Romero 2006 por su
novela *En blanco y negro*, todavía inédita.

Ana Díaz Sesma

(Ciudad de México, 1968)

Es egresada de la Universidad de las Américas-Puebla, de la carrera de Ciencias de la Comunicación. Realizó sus estudios de posgrado en Literatura Comparada en la Universidad de Nueva York y la Universidad Iberoamericana. Cursó un diplomado en la Sociedad General de Escritores Mexicanos, Sogem-Puebla.

Ha participado en diferentes revistas y periódicos y como guionista de televisión. Colabora en *El Financiero*, en su sección cultural. Publicó su primer libro de cuentos *Tiempos de aguas y otros tiempos* en 2004, con el que obtuvo el primer lugar en el certamen convocado por el Instituto Mexiquense de Cultura. Obtuvo mención de honor en el Concurso de Cuento "Ermilo Abreu Gómez", Bienal Nacional de Literatura Yucatán, 2006-2007, por su segundo libro de cuentos, *De madrugadas rotas y sirenas extraviadas.*

Sandra Frid

(Monterrey, 1959)

Estudió diseño en la ciudad de México, pero la escritura es su profesión.

Ha sido colaboradora en publicaciones literarias. Ganadora de diversos certámenes literarios, su primer premio fue en 1995 con el cuento *Viaje fugaz.* Tiene publicadas las novelas *A través de su mirada,* en Editorial Letras Vivas. *Mujer sin nombre,* su segunda novela, obtuvo el Premio de Novela de Editorial Vid; fue editada en 2007 por Felou. Próximamente, publicará *Por donde el sol se esconde* y trabaja en *La fuerza del destino.*

María Teresa Gérard

(Ciudad de México, 1966)

Es egresada del Instituto Tecnológico Autónomo de México. Ha sido colaboradora de las revistas *Travesías* y *Vitral*. Actualmente se encarga de la coordinación editorial de Taller Ditoria, una editorial dedicada a la elaboración de libros tipográficos y artesanales. Participa, desde enero de 2007, en el Taller de redacción de Monte Tauro.

Rebeca Orozco

(Ensenada, 1956)

En 1999 publicó su primera novela, *Entre Coyoacán y Amores*, y, en 2002, el libro de cuentos *Azul rey, azul reina*. Incursiona en la literatura para niños con la novela *El galeón de Filemón* y los cuentos *Blanca luna*, *Gafas en reparación* y *El diablito de Benjamín*, publicados en Ediciones SM, entre otros. En 2006, su libro *Máscaras de México*, de Ediciones Tecolote, obtiene el premio Antonio García Cubas del INAH. En 2007, con la beca del Focaem escribe la novela *Tres golpes de tacón*, publicada por editorial Planeta.

Beatriz Rivas

(Ciudad de México, 1965)

Tiene estudios de derecho y de periodismo, así como una maestría en Letras Modernas. Trabajó durante quince años en los medios de comunicación al lado de personajes como José Gutiérrez Vivó, Pepe Cárdenas, Adela Micha, Ciro Gómez Leyva y Jorge Castañeda, entre otros, antes de decidirse a escribir ficción de tiempo completo. Es coautora de tres libros de cuentos y ha publicado tres novelas: *La hora sin diosas* (Alfaguara, Punto de Lectura y Recorded Books), *Viento amargo* (Alfaguara y Punto de Lectura) y *Todas mis vidas posibles,* editada por Alfaguara en junio de 2009. Ha pertenecido a distintos talleres literarios, como el de Guillermo Samperio, Humberto Guzmán y Miguel Cossío.

www.beatrizrivas.com

Javier Sunderland Guerrero

(Ciudad de México, 1965)

Abogado por la Universidad Panamericana, se ha dedicado al derecho bursátil, tanto en la práctica como en la docencia.

Ha escrito desde su juventud y participado en talleres literarios. En 2009, su obra *Arena de tus pies* obtuvo el Premio Latinoamericano de Primera Novela Sergio Galindo, que otorga la Universidad Veracruzana, y será publicada en la prestigiada colección Ficción que edita la propia casa de estudios.

Notas

Notas

Notas

Esta edición se imprimió en mayo de 2010, *en Ares Impresos. Sabino #12. Col. El Manto. Delegación Iztapalapa.*